La singularidad de la pena.
Una reorientación

La singularidad de la pena. Una reorientación

Luís Greco

Traducción a cargo de:
Jordi Miró Estradé

Atelier
LIBROS JURÍDICOS

Colección: Justicia Penal

Director: Prof. Dr. Dr. h. c. mult. Ricardo Robles Planas
Catedrático de Derecho penal
Universidad Pompeu Fabra

Este libro ha sido sometido a un riguroso proceso de revisión por pares.

© 2026 Luís Greco
© 2026 Atelier
      Santa Dorotea 8, 08004 Barcelona
      e-mail: editorial@atelierlibros.es
      www.atelierlibros.es
      Tel.: 93 295 45 60

I.S.B.N.: 979-13-88096-55-6
Depósito legal: B 3832-2026

Impresión: Podiprint

Sumario

Prólogo a la
edición española

Con gran alegría, y gracias a la generosidad y la amistad de mi traductor, el doctorando Jordi Miró Estradé, y del revisor, el colega catedrático Ricardo Robles Planas, puedo presentar al público de lengua española las presentes reflexiones sobre la «singularidad de la pena». Aprovecharé el prólogo para compartir con el lector algo sobre la historia que hay detrás del presente texto, así como para situarlo en el contexto más amplio de mis ya más de dos décadas de reflexión sobre la pena.

El texto se remonta a mis clases en la entonces denominada «Escuela de Verano en Ciencias Criminales y Dogmática Penal Alemana» (actualmente: «Escuela Alemana de Ciencias Criminales y Dogmática Penal Alemana»), evento que, desde 2012, tiene lugar en la Universidad de Göttingen bajo la dirección del profesor Kai Ambos. A partir de 2018, se me encomendó el tema «Fundamentos filosóficos del Derecho penal». Desde entonces, intenté encontrar un hilo conductor que me permitiera reconstruir, en forma de narración, el pensamiento de los últimos 150 años sobre los fundamentos de la pena y de la criminalización, y posicionarme críticamente frente a dichas cuestiones. Cuando, a mediados de 2022, recibí la grata noticia de que pasaría a formar parte, como miembro honorífico, de la «Sociedad de Derecho Penal de Japón», pronunciando la conferencia inaugural del más importante Congreso de Profesores de Derecho Penal de ese país, pensé que había llegado el momento de transformar aquello que hasta entonces existía solo como reflexión oral en un texto científico. El texto final, que acabó publicándose en original en alemán («Zur Singularität der Strafe – Versuch einer Standortbestimmung», *ZStW*, [135], 2023, pp. 378-432) y en la traducción japonesa a cargo del amigo y colega Makoto Ida («刑罰の特殊性について–理論状況の解明の試み», 刑法雑誌, [63-2], 2024, pp. 287-322), fue presentado, en noviembre de 2023, en el seminario de la Facultad de Derecho de la Universidad Pompeu Fabra, por invitación del ya mencionado amigo Ricardo Robles. En esa ocasión hablé, como de costumbre, mi «portuñol»; ahora tengo la alegría de contar con un texto que, desde el punto de vista lingüístico, me parece incluso superior al original.

El público de lengua española quizá ya tenga noticia de que los fundamentos del Derecho penal siempre ha sido un tema que me ha interesado profundamente; ya en mi tesis doctoral sobre *Lo vivo y lo muerto en la teoría de la pena de Feuerbach* concluida en 2008 (y publicada su traducción al español en 2018). Las presentes reflexiones, en cierto modo, confirman y profundizan lo que ya se encontraba en ese libro. Si el libro sobre Feuerbach estaba estructurado sobre la base de la dicotomía entre consecuencialismo y deontología, conveniencia y respeto (cf., además, «Conveniencia y respeto: sobre lo hipotético y lo categórico en la fundamentación del Derecho penal», trad. por Pastor Muñoz, *InDret*, (4), 2010, pp. 1-35, que también se remonta a una conferencia en el mismo seminario de la Universidad Pompeu Fabra, nuevamente por invitación de Ricardo Robles), lo que acabé por advertir es que existe otra dicotomía, más específicamente penal, entre una concepción que entiende el castigo como una sanción cualquiera y otra que ve en él algo especial. Observando principalmente la situación contemporánea, me llamó la atención que buena parte de lo que yo consideraba problemático en el Derecho penal actual tenía que ver con una actitud que equiparaba la pena con las demás actividades estatales, ignorando aquello que la pena tiene de especial; a esta actitud la llamo fungibilismo. Enseguida que extendí este análisis a otras épocas, se me hizo evidente que también la actitud inversa, la de creer que la pena es algo completamente distinto de todo lo demás que hace el Estado —postura a la que doy el nombre de singularismo—, genera sus propios problemas. Me pareció, así, prometedor volver a contar, reconstruir la historia del Derecho penal de los últimos 150 años sobre la base de esta dicotomía entre la perspectiva fungibilista y singularista y, a partir de dicha reconstrucción, esforzar-me por determinar cuál es la relación correcta entre cada una de estas perspectivas.

El lector juzgará si la dicotomía aquí propuesta ilumina u oscurece. A mí no me queda más que dar las gracias al traductor Jordi, al revisor Ricardo —quien, además, es coordinador de la presente colección de estudios—, así como a la editorial Atelier, y desear una buena lectura a quien tiene el libro en sus manos.

Berlín, 29 de enero de 2026
Luís Greco

I.

INTRODUCCIÓN

¿Dónde estamos? ¿Hacia dónde queremos ir? Son preguntas que una ciencia también debe plantearse de vez en cuando como un ejercicio de sana autocrítica. Dar una respuesta definitiva a estas cuestiones es difícil y no es lo que se pretende hacer aquí. No obstante, una tentativa digna de ese nombre debe comenzar con una recapitulación o reconstrucción del camino que nos ha llevado a donde estamos actualmente. En otras palabras, se trata de contar una historia, mejor dicho, nuestra historia. Una forma común, aunque metodológicamente controvertida, de ordenar y comprender tal historia es *recurrir a una dicotomía*[1]. Nuestro más importante historiador del Derecho penal, Eberhard SCHMIDT, recurrió —también bajo la inmediata impresión del nacionalsocialismo— a la contraposición entre justicia y conveniencia, derecho y política[2]. También

---

1. Véase, por ejemplo, RÜSEN, *Historik. Theorie der Geschichtswissenschaft*, 2013, pp. 116 ss.
2. SCHIMDT, Eb., *Einführung in die Geschichte der deutschen Strafrechtspflege*, 3ª ed., 1965, p. 7: «Toda la historia del Derecho gira en torno a la oposición entre poder y Derecho, entre conveniencia y justicia». En mi tesis doctoral puse este pasaje como cita inicial, GRECO, *Lebendi-*

son conocidas las contraposiciones entre individualismo y comunitarismo[3], liberalismo y autoritarismo[4], idealismo y empirismo[5], hecho y autor[6], retribución y prevención[7], ontologismo y normativismo[8], objetivismo y subjetivismo[9],

---

ges und Totes in Feuerbachs Straftheorie, 2009, p. 16. Muy crítico al respecto, con ulteriores referencias, IGNOR, *Geschichte des Strafprozesses in Deutschland 1532–1846*, 2002, pp. 24 ss.

3. Así podría entenderse a JAKOBS, *Norm, Person, Gesellschaft*, 3ª ed., 2008, pp. 9 ss., 28 ss.; quien, sin embargo, habla de «individuo» y «sociedad».

4. Así, al principio de la época nazi, DAHM/SCHAFFSTEIN, *Liberales oder autoritäres Strafrecht?*, 1933, pp. 3 ss. y *passim* (sobre este libro véase también, más abajo, la nota al pie 66); MARXEN, *Der Kampf gegen das liberale Strafrecht*, 1975, pp. 20 ss. y *passim*.

5. Especialmente NAUCKE, *Kants Kritik der empirischen Rechtslehre*, 1996; EL MISMO, «Vom Vordringen des Polizeigedankens im Recht, d.i. vom Ende der Metaphysik im Recht», en su *Über die Zerbrechlichkeit des rechtsstaatlichen Strafrechts. Materialien zur neueren Strafrechtsgeschichte*, 2000, pp. 378 ss.

6. ZIMMERL, *Aufbau des Strafrechtssystems*, 1930, pp. 6 ss.

7. Principalmente VON LISZT, «Der Zweckgedanke im Strafrecht», *Zeitschrift für die gesamte Strafrechtswissenschaft*, (3), 1883, pp. 5, 6 ss.

8. Algo de esto en JAKOBS, *Strafrecht. Allgemeiner Teil*, 2ª ed., 1991, pp. VII ss.

9. MEZGER, «Subjektivismus und Objektivismus in der strafgerichtlichen Rechtsprechung des Reichsgerichtes», en SCHREIBER (ed.), Die Reichsgerichtspraxis im Deutschen Rechtsleben, 1929, pp. 13 ss.; SPENDEL, «Zur Notwendigkeit des Objektivismus im Strafrecht», *Zeitschrift für die gesamte Strafrechtswissenschaft*, (65-4), 1953, pp. 519 ss. Sobre las escuelas de penalistas en Japón, YAMANAKA, *Einführung in das japanische Strafrecht. Strafrecht auf der Basis der japanischen Sozialstruktur*, 2018, pp. 32, 150 ss. (escéptico). Al parecer, Seiichiro ONO y Ryuichi HIRANO fueron destacados representantes del objetivismo —sobre el primero véase HONDA, «Über den rechtsphilosophischen Universalismus in der japanischen Strafrechtsgeschichte – eine kritische Betrachtung über den Strafrechtsgedanken Seiichiro Onos in der Zweiten Weltkriegszeit», *Ritsumeikkan Law Review*, (31), 2014; sobre el segundo véase YAMANAKA,

minimalismo y maximalismo[10]. Todas estas posiciones contrapuestas, que se solapan en muchos aspectos, pueden ser útiles a no ser que su potencial explicativo y ordenador degenere en un cuadro simplista y polarizador.

En lo que sigue, me gustaría contar una historia basada en otra dicotomía: la de la *singularidad o fungibilidad de la pena*. ¿La pena se entiende como algo cualitativamente distinto a otras posibilidades de actuación que tiene el Estado a su disposición? Quien responde afirmativamente, interpreta la pena como algo singular; quien lo niega, como algo fungible[11]. Introduzco esta distinción, que reconozco que tiene cierta afinidad con la dicotomía de SCHMIDT antes mencionada, no porque crea que las otras no sean útiles, sino porque en mi opinión es la que desempeña un mayor papel en el debate político-jurídico (criminal) actual —en parte de forma tácita—. Además, tal distinción tiene potencial para centrar, de forma muy llamativa, lo que discutimos hoy y hemos discutido en el pasado —en cada uno de los tres niveles: la teoría de la criminalización

---

«Ryuichi Hiranos Strafrechtslehre. Funktionale Betrachtungsweise des Strafrechts in Japan», *Journal der Juristischen Zeitgeschichte*, (4-1), 2010— y Shigemitsu DANDO fue probablemente uno de los subjetivistas más importantes. Todavía sobre el objetivismo japonés IDA, «Zum heutigen Stand des japanischen Strafrechts und der japanischen Strafrechtswissenschaft», *Goltdammer's Archiv für Strafrecht*, (164-2), 2017, pp. 70 ss; y, a propósito de la dogmática de la tentativa, SATO, «Entwicklung der japanischen Versuchsdogmatik», *Goltdammer's Archiv für Strafrecht*, (164-8), 2017.

10. FERRAJOLI, *Diritto e ragione. Teoria del garantismo penale*, 1989, pp. 80 ss; con más detalle sobre el mismo GRECO, «Recht und Vernunft. Zur Straftheorie Luigi Ferrajolis», *Jahrbuch der Juristischen Zeitgeschichte*, (10), 2008/2009, pp. 192-208.

11. De forma parecida, recientemente BURCHARD/DUFF, «Criminal Law Exceptionalism: Introduction», *Criminal Law and Philosophy*, (17-1), 2023, pp. 3 ss.; y los ensayos allí publicados.

(¿qué es lo que debe castigarse penalmente?), la teoría de la pena (¿qué justifica la pena?) y la configuración concreta de la pena (¿cómo debería castigarse)—. Así, las siguientes consideraciones se basan en una *consideración feuerbachiana*: «El concepto básico del que procede todo el Derecho criminal, y a lo que todo se remite, es el concepto de pena civil [*bürgerlicher Strafe*]. Puede decirse sin exageración que la verdad o falsedad, la consistencia o inconsistencia de toda la teoría, y la firmeza o la vacilación de su aplicación en la práctica, dependen de la determinación o indeterminación de este único concepto»[12]. Mi maestro SCHÜNEMANN habla en el mismo sentido del concepto de pena como el «punto arquidémico del Derecho penal»[13].

A continuación, intentaré reconstruir la discusión alemana sobre los fundamentos y la reforma del Derecho penal desde finales del siglo XIX a partir de esta dicotomía (ap. II). Comenzaré con la llamada lucha de escuelas (ap. II.1), continuaré con la reforma del Derecho penal en la postguerra (ap. II.2), luego me ocuparé de la discusión sobre la «modernización» —mejor dicho, la «expansión»— del Derecho penal en las últimas décadas del siglo XX (ap. II.3), para llegar finalmente al presente (ap. II.4). Pero el relato no debe detenerse ahí. Como dije, él no es un fin en sí mismo, sino que sirve para orientarnos, decirnos donde hoy nos encontramos, y así allanar el camino hacia una síntesis (ap. IV) que, conociendo los peligros que subyacen al fungibilismo y al singularismo respectivamente, profundi-

---

12. FEUERBACH, *Revision der Grundsätze und Grundbegriffe des positiven peinlichen Rechts*, t. I, 1799, p. XIX.
13. SCHÜNEMANN, «Versuch über die Begriffe von Verbrechen und Strafe, Rechtsgut und Deliktsstruktur», en SALIGER *et al.* (eds.), *Rechtsstaatliches Strafrecht: Festschrift für Ulfrid Neumann zum 70. Geburtstag*, 2017, p. 703; ver también, ROXIN/GRECO, *AT*, t. I, 5ª ed., 2020, §2 nm. 1a.

ce en lo que de singular tiene la pena (ap. IV.1-3) y extraiga de ello las conclusiones más importantes (ap. IV.4).

Una narración así, que debe adoptar una perspectiva a vista de pájaro, puede tomarse la licencia de difuminar detalles y aceptar simplificaciones para poder trazar hilos conductores. Como se ha dicho, en lo que sigue se pondrá el foco en tres cuestiones: la cuestión sobre los comportamientos que deben ser castigados penalmente (teoría de la criminalización), la cuestión de las razones por las que se castiga (teoría de la pena), y la cuestión de qué debe suceder en concreto con las personas castigadas. Este enfoque no pretende tanto reflejar mis propios intereses personales[14] como poner de relieve los puntos centrales del debate sobre los fundamentos y la reforma del Derecho penal. En este sentido, no se trata de un análisis meramente de *lege lata*.

---

14. Ya solo por el hecho de que dejo de lado la dogmática y tomo en consideración las sanciones, sobre las que apenas he escrito hasta ahora (aunque PAEFFGEN/GRECO, «§ 449-463d», *Systematischer Kommentar StPO*, 5ª ed., 2020).

II.

REVISIÓN HISTÓRICA: ¿SINGULARISMO O FUNGIBILISMO DE LA PENA?

1. LA LUCHA DE ESCUELAS

a) Empezamos nuestro relato con la llamada lucha de escuelas, que marcó el final del siglo XIX y el principio del siglo XX[15]. Tal y como se ha entendido tradicionalmente, y así lo vieron también muchos de los implicados, se trataba de una disputa entre los clásicos —orientados a la retribución— como BINDING[16], BELING y BIRKMEYER, y los mo-

---

15. Además de los autores citados en las notas siguientes SCHMIDT, Eb., *Einführung in die Geschichte der deutschen Strafrechtspflege*, 3ª ed., 1965, pp. 386 ss.; hoy KOCH, «Binding vs. v. Liszt – Klassische und moderne Strafrechtsschule», en HILGENDORF/WEITZEL (eds.), *Der Strafgedanke in seiner historischen Entwicklung*, 2007, pp. 127 ss.; revisionista, NAUCKE, «„Schulenstreit"?», en HERZOG *et al.*, *Festschrift für Winfried Hassemer*, 2010, pp. 559 ss.; y VORMBAUM, *Einführung in die moderne Strafrechtsgeschichte*, 4ª ed., 2019, pp. 133 ss.; ver también SAITO, «Die sog. „frühere" und die sog. „spätere" klassische Strafrechtsschule. Fortgang des Schulenstreits in Japan?», en DANNECKER *et al.* (eds.), *Festschrift für Otto*, 2007, pp. 155 ss.

16. Sin embargo, la clasificación de BINDING en la Escuela Clásica no es indiscutible; en sentido contrario ya RAUCH, *Die klassische Strafrechts-*

dernos —orientados a la prevención— como VON LISZT[17]. Esta descripción es inexacta en la medida en que los clásicos también se preocupaban por la prevención[18]. Para ellos, la retribución no era un fin en sí mismo, sino un medio para garantizar la prevención, razón por la que VON

---

lehre in ihrer politischen Bedeutung, 1936, pp. 3, 14 ss. (políticamente tendencioso).

17. Acerca de la Escuela Moderna KUBINK, *Strafen und ihre Alternativen im zeitlichen Wandel*, 2002, pp. 65 ss.; STÄCKER, *Die Franz v. Liszt-Schule und ihre Auswirkungen auf die deutsche Strafrechtsentwicklung*, 2012; KOCH/LÖHNIG (eds.), *Die Schule Franz von Liszts*, 2016; BRENESE-LOVIC, *Die wissenschaftskritischen Zuordnungen von Franz von Liszt*, 2020; en mi opinión demasiado escéptico FROMMEL, «Was bedeutet uns heute noch Franz von Liszt?», *NK*, (4), 2012, p. 157: «No hay ninguna escuela de Liszt».

18. Véase solo WACH, *Die kriminalistische Schulen und die Strafrechtsreform*, 1902, pp. 7 s. («La historia del mundo demuestra el efecto preservador del Estado del Derecho penal retributivo»); BELING, *Die Vergeltungsidee und ihre Bedeutung für das Strafrecht*, 1908, p. 2 («¿A qué mente pensante debería parecer aceptable una teoría que realmente quiere que la pena se imponga "sin finalidad"?»); y *passim* BIRKMEYER, «Gedanken zur bevorstehenden Reform der deutschen Strafgesetzgebung», *Archiv für Strafrecht*, (48), 1901, p. 75: «... nada más equivocado que presentar la idea de retribución y la pena final [*Zweckstrafe*] como opuestas... La justa pena retributiva es, pues, al mismo tiempo la mejor pena final»; EL MISMO, «Schutzstrafe und Vergeltungsstrafe», *Der Gerichtssaal*, (67), 1906, p. 407: «Así que... la pena es también una pena de *protección* para nosotros»; NAGLER, *Die Strafe*, t. I, 1918, p. 550 (pena como «acción final» [*Zweckhandlung*]), 579 («La retribución jurídica nunca es un fin en sí mismo... Es importante en cada caso como único medio para preservar la estructura del Derecho gracias a la beneficiosa sensación de satisfacción que se produce en el ánimo de los miembros de la comunidad jurídica»); en retrospectiva, FROMMEL, *Präventionsmodelle in der deutschen Strafzweck-Diskussion*, 1987, pp. 61, 104 ss. («teorías de la pena relativas encubiertas, en velo absoluto»); ver también, GRECO, *Lebendiges und Totes in Feuerbachs Straftheorie*, 2009, pp. 237, 413, 463 s. con más referencias a la literatura primaria y secundaria.

LISZT[19], en su posición más tardía y conciliadora, pudo decir que la disputa se basaba «más en temperamentos que en puntos de vista, más en la táctica que en los fines». La dicotomía aquí propuesta ya se muestra fructífera en este punto: podría ser mucho más apropiado caracterizar a los clásicos como singularistas y a los modernos como fungibilistas[20].

b) La *Escuela Clásica* hablaba con especial vehemencia de una «pena jurídica [*Rechtsstrafe*]»[21], cuyo sentido era restablecer la hegemonía del ordenamiento jurídico puesta en cuestión por el autor del delito. Para BINDING la función de la pena consiste en mantener la «autoridad de la ley infringida»[22]. La pena encarna, como «demostración del poder del Derecho»,[23] la «solución del conflicto entre la voluntad del Derecho y la del sujeto desafiante, en favor de la hegemonía del Derecho [*Rechtsherrlichkeit*], la cual el

---

19.   VON LISZT, «Die Zukunft des Strafrechts», en EL MISMO *Strafrechtliche Aufsätze und Vorträge*, t. II, 1905, p. 15; véase también EL MISMO, «Die deterministischen Gegner der Zweckstrafe», *Zeitschrift für die gesamte Strafrechtswissenschaft*, (13), 1893, p. 54; y más claramente EL MISMO, «Nach welchen Grundsätzen ist die Revision des Strafgesetzbuchs in Aussicht zu nehmen?», en EL MISMO *Strafrechtliche Aufsätze und Vorträge*, 1905, p. 371: «De hecho, el concepto de retribución de Merkel, aún más entre sus seguidores más tardos, ya se ha transformado en el de prevención general».
20.   Véase también FRISCH, «Das Marburger Programm und die Maßregeln der Besserung und Sicherung», *Zeitschrift für die gesamte Strafrechtswissenschaft*, (94-3), 1982, p. 568: «luchar por la verdadera naturaleza de la pena» como objeto de la lucha de escuelas.
21.   Sobre ello, WACH, *Die Reform der Freiheitsstrafe*, 1890, p. 42; OETKER, «Die Deutsche Strafrechtliche Gesellschaft», *Der Gerichtssaal*, (91), 1925, pp. 321, 326.
22.   BINDING, *Grundriss des deutschen Strafrechts. Allgemeiner Teil*, 8ª ed., 1913, p. 226.
23.   BINDING, *AT*, 8ª ed., 1913, p. 228.

condenado soporta con la imposición de la pena»[24]. Su discípulo NAGLER ve en la pena un «acto de autoafirmación», la imposición de la «validez absoluta» del Derecho como «poder autoritario»[25]. Un Estado que, en palabras de BELING, se entiende como un «poder vital ético»[26], debe conocer una sanción que esté libre de todas las preocupaciones pragmáticas y de bajo nivel, propias de la lucha contra la criminalidad[27]. De ahí el estricto sistema de doble vía, porque según BINDING, la pena sería «algo esencialmente distinto, superior, más noble» que una medida[28]. Describió la llamada «pena de seguridad [*Sicherungsstrafe*]» de los modernos como «la pena que ya no es pena, que solo hace mal uso de su nombre, que ya no se apoya en el profundo sentimiento de desaprobación del injusto, en el convencimiento de su necesidad y justicia, sino que solo puede

---

24. BINDING, *Die Normen und ihre Übertretung*, t. I, 4ª ed., 1922, p. 502. Muy cercano BELING, *Die Vergeltungsidee und ihre Bedeutung für das Strafrecht*, 1908, pp. 36, 43: la retribución «es la protección de un único bien jurídico: la autoridad del Estado», aunque declara que la autoridad es algo «secundario» (p. 37); LOBE, en EBERMAYER/EICHELBAUM/LOBE/ROSENBERG, *Das Reichsstrafgesetzbuch (Leipziger Kommentar)*, 2ª ed., 1920, pp. 7 s.; OETKER, «Strafe und Lohn», *Der Gerichtssaal*, (70), 1907, p. 332; EL MISMO, «Gedanken zur Reform des deutschen Strafrechts und Strafprozeßrechts», *Der Gerichtssaal*, (104), 1934, p. 2. Ulteriores referencias en RAUCH, *Die klassische Strafrechtslehre in ihrer politischen Bedeutung*, 1936, p. 22.
25. NAGLER, *Die Strafe*, t. I, 1918, p. 548. Ver también EL MISMO, «Die Verständigung der Strafrechtsschulen», *Der Gerichtssaal*, (70), 1907, p. 7; más tarde (con giro hacia el nacionalsocialismo), EL MISMO, «Staatsidee und Strafrecht», *Der Gerichtssaal*, (103), 1933, pp. V ss.
26. BELING, *Die Vergeltungsidee und ihre Bedeutung für das Strafrecht*, 1908, p. 51.
27. BELING, *Die Vergeltungsidee und ihre Bedeutung für das Strafrecht*, 1908, p. 127.
28. BINDING, *AT*, 8ª ed., 1913, p. XVI.

ser entendida como una medida de compasión con el criminal sin culpa»[29]. En nuestra reconstrucción: la pena en cuanto restablecimiento de la autoridad del Estado es singular.

c) Por el contrario, *la Escuela Moderna* propone una pena final o pena-fin [*Zweckstrafe*][30], a veces también pena de protección [*Schutzstrafe*] o pena de seguridad [*Sicherungstrafe*][31], que aspira a la «consciente protección de bienes jurídicos»[32]. La pena es, según este concepto, tan solo una de «toda una serie de otras medidas» que «sirven a un mismo fin»[33]. VON LISZT habla de la «modesta posición de la pena entre las medidas de que dispone el Estado en su lucha contra el delito»[34]. «La pena es uno de los medios de lucha contra la delincuencia; no el único ni, en particu-

---

29. BINDING, *AT*, 8ª ed., 1913, p. XV; ver también BIRKMEYER, «Schutzstrafe und Vergeltungsstrafe», *GS*, (67), 1906, p. 415, que critica, entre otras cosas, «la fusión de la represión y la prevención, del Derecho penal y de policía, ya que se supone que la propia pena no es más que una medida preventiva y, por tanto, policial»; NAGLER, *GS*, (70), 1907, p. 41: «La Escuela Clásica debe oponerse con todas sus fuerzas a cualquier intento de degradar la pena a mera arma policial, de transformar el Derecho penal en mero Derecho policial».
30. VON LISZT, *ZStW*, (13), 1893, pp. 25 ss.; EL MISMO, *Lehrbuch des Deutschen Strafrechts*, 7 ª ed., 1896, pp. 64 ss.
31. Véase también RADBRUCH, «Die politische Prognose der Strafrechtsreform», *Monatsschrift für Kriminologie und Strafrechtsreform*, (5), 1908-1909, p. 1.
32. VON LISZT, *ZStW*, (3), 1883, pp. 33 ss.
33. VON LISZT, en EL MISMO *Strafrechtliche Aufsätze und Vorträge*, t. II, 1905, p. 14.
34. VON LISZT, «Die Aufgaben und die Methode der Strafrechtswissenschaft», en EL MISMO *Strafrechtliche Aufsätze und Vorträge*, t. II, 1905, p. 294.

lar, el más eficaz»[35]. Debe «integrarse en el sistema cada vez más rico de medios sociales de selección artificial»[36]. Para su discípulo RADBRUCH, son «el Estado y el Derecho penal [...] instrumentos técnicos basados en un sobrio realismo»[37]. Los clásicos critican, de forma consecuente, que con ello se perdería el carácter propio de la pena[38]; los modernos no se escandalizan por ello ya que, para ellos, la pena no tiene carácter propio, sino que es un instrumento o «herramienta»[39] para la protección de bienes jurídicos o para la lucha contra el delito que, como toda herramienta, siempre puede sustituirse.

d) Ya en esta discusión se hacen visibles las caras buena y mala de ambas posturas: «Por sus frutos los conoceréis»[40].

aa) La concepción moderna (fungibilista) de la pena hace que la búsqueda de alternativas a la pena privativa de libertad tenga en realidad sentido[41]. Aunque el término *ultima ratio* todavía no era de uso común, este principio

---

35. VON LISZT, en EL MISMO *Strafrechtliche Aufsätze und Vorträge*, t. II, 1905, p. 295; véase también EL MISMO, «Die „Sichernden Maßregeln" in den drei neuen Strafgesetzentwürfen», *Archiv für Rechts- und Wirtschaftsphilosophie*, (3), 1909-1910, p. 617.

36. VON LISZT, «Der Entwicklungsgedanke im Strafrecht», *Mitteilungen der Internationalen Kriminalistischen Vereinigung*, (16), 1909-1910, p. 500.

37. RADBRUCH, *MSchrKrim*, (5), 1908-1909, p. 3.

38. Sobre ello, BELING, *Die Vergeltungsidee und ihre Bedeutung für das Strafrecht*, 1908, pp. 129 s.; OETKER, *GS*, (91), 1925, p. 326 (la pena de seguridad como «contradicción en sus propios términos»), EL MISMO, *GS*, (104), 1934, p. 2.

39. Véase VON LISZT, *ARWP*, (3), 1909-1910, p. 610: «Al principio de la historia de la humanidad está el concepto de *herramienta (Werkzeug)*».

40. Mateo 7:16.

41. En detalle KUBINK, *Strafen und ihre Alternativen im zeitlichen Wandel*, 2002, pp. 111 ss.

se reconocía de hecho[42]. En este punto[43], deben mencionarse las campañas contra la pena de prisión de corta duración[44] y a favor de la introducción de la «sentencia condenatoria condicional»[45], antecesora de nuestra actual suspensión de la ejecución de la pena bajo condiciones[46]. Las medidas de corrección y seguridad —la solución de compromiso a la que se podría llegar[47]— y el Derecho pe-

---

42. Así, ya bajo el lema «La pena justa es la pena necesaria» (VON LISZT, *ZStW*, (3), 1883, p. 31); de forma clara también STOOSS, «Was ist Kriminalpolitik?», *Schweizerische Zeitschrift für Strafrecht*, (7), 1895, p. 230; juicio similar sobre los modernos, JESCHECK, «Grundfragen der Dogmatik und Kriminalpolitik im Spiegel der Zeitschrift für die gesamte Strafrechtswissenschaft», *Zeitschrift für die gesamte Strafrechtswissenschaft*, (93-1), 1981, p. 46; KUBINK, *Strafen und ihre Alternativen im zeitlichen Wandel*, 2002, pp. 107 ss.: abolición de la pena corta de prisión como «aproximación anticipada al concepto de *ultima ratio*».

43. Véase también STÄCKER, *Die Franz v. Liszt-Schule*, 2012, pp. 42 ss.

44. VON LISZT, «Kriminalpolitische Aufgaben (1889–1892)», en EL MISMO *Strafrechtliche Aufsätze und Vorträge*, t. I, 1905, pp. 340 ss.; EL MISMO, «Die Reform der Freiheitsstrafe. Eine Entgegnung auf Adolf Wachs gleichnamige Schrift. (1890, Preußische Jahrbücher, Bd. 66.)», en EL MISMO *Strafrechtliche Aufsätze und Vorträge*, t. I, 1905, pp. 513, 514 ss.; haciendo una retrospectiva, KUBINK, *Strafen und ihre Alternativen*, 2002, pp. 107 ss.

45. VON LISZT, en EL MISMO *Strafrechtliche Aufsätze und Vorträge*, t. I, 1905, pp. 360 ss., 417 ss.; EL MISMO, en *Strafrechtliche Aufsätze und Vorträge*, t. I, 1905, pp. 520 ss; en retrospectiva FRISCH, *ZStW*, (94), 1982, pp. 580 s.; KUBINK, *Strafen und ihre Alternativen*, 2002, pp. 111 ss.

46. Sobre su introducción por la 3ª Ley de Modificación del Derecho Penal de 1953 véase solo KUBINK, *Strafen und ihre Alternativen*, 2002, pp. 341 ss.

47. Véase VON LISZT, «Die Forderungen der Kriminalpolitik und der Vorentwurf eines schweizerischen Strafgesetzbuchs», en EL MISMO *Strafrechtliche Aufsätze und Vorträge*, t. II, 1905, pp. 122 s., 132: VON LISZT califica la solución de STOOSS de prever medidas y penas como «concesión» (Abschlagszahlung), que sería «preocupante» en razón de contener una «diferenciación puramente academicista» y de «detenerse a mitad de ca-

nal de menores[48] parten de la misma premisa: allí donde la pena no sirve, debería o bien aplicarse una pena mejor (como en el Derecho penal de menores) o algo mejor que la pena[49] (como las medidas). Para los clásicos, todo esto es «falsa compasión [*Limonade des Mitleids*]»[50]. Estos últimos también insisten en la pena de muerte —que se utilizaría «con toda la firmeza», porque «en su estremecedor despliegue de fuerza, subraya con especial claridad la idea de autoridad»[51]—, mientras que la crítica en el seno de la escuela moderna, encabezada sobre todo por LIEPMANN, justo acababa de empezar[52].

mino»; EL MISMO, *ARWP*, (3), 1909-1910, pp. 616 s., 619, 620 («También la síntesis actual de pena y medida también tendrá que dar paso a una síntesis superior»); véase también FRISCH, *ZStW*, (94), 1982, pp. 594 ss. (en contra de la interpretación de que VON LISZT simplemente aceptó una solución intermedia); GERMANN, «Zweispurige Verbrechensbekämpfung», *Rechtsgeschichte*, 14, 2009, p. 84; detalladamente DESSECKER, *Gefährlichkeit und Verhältnismäßigkeit. Eine Untersuchung zum Maßregelrecht*, 2004, pp. 57 ss.

48. VON LISZT, en EL MISMO *Strafrechtliche Aufsätze und Vorträge*, t. I, 1905, pp. 428 ss.; véase también KUBINK, *Strafen und ihre Alternativen*, 2002, pp. 111 ss., 127 ss.; STRENG, «Franz v. Liszt und das Jugendstrafrecht – ein Blick zurück nach vorn», *Zeitschrift für Jugendkriminalrecht und Jugendhilfe*, (3), 2017, p. 208.

49. Según la célebre cita de RADBRUCH, *Rechtphilosophie*, 1932, véase DREIER/PAULSON (eds.), *Gustav Radbruch – Rechtsphilosophie. Studienausgabe*, 2ª ed., 2003, p. 165.

50. BINDING, *AT*, 8ª ed., 1913, p. XV; BIRKMEYER, *Archiv für Strafrecht*, (48), 1901, p. 75.

51. NAGLER, *GS*, (103), 1933, p. XXV, véase también BINDING, *AT*, 8ª ed., 1913, p. XVII: «Cuando todos los medios de represión contra los vivos fracasan, es el momento de la pena de muerte: ¡el poder del Derecho no puede renunciar a mostrarse superior en todas las situaciones!».

52. LIEPMANN, «XXVI. Gutachten des Herrn Professor Dr. M. Liepmann in Kiel über die Frage: Ist die Todesstrafe im künftigen deutschen und österreichischen Strafgesetzbuch beizubehalten», en *Verhandlungen des*

bb) Sin embargo, no puede quedar la idea de que solo los integrantes de la escuela moderna son "los buenos". VON LISZT subraya repetidamente que los modernos «no tratan de suavizar nuestro sistema penal»[53]. En las acertadas palabras de RADBRUCH, discípulo de VON LISZT: «La reforma liberal-social del Derecho penal de Liszt no es ni una reforma "de corte liberal" ni una reforma "humanizadora" del Derecho penal. En su primer plano está la idea no de humanizar, sino de racionalizar el Derecho penal»[54]. En el

---

Einunddreißigsten Deutschen Juristentages – Gutachten, 1912, pp. 572 ss. Él se define como representante de una «tercera escuela», EL MISMO, «Strafrechtsreform und Schulenstreit», *Zeitschrift für die gesamte Strafrechtswissenschaft*, (28), 1908, p. 1, 4; véase también STRUCK-BERGHÄUSER, *Franz von Liszt und seine Gegner*, 2020, pp. 211 ss.; sobre la actitud ambivalente y evasiva de VON LISZT ante la pena de muerte, KOCH, en HILGENDORF/WEITZEL (eds.), *Der Strafgedanke in seiner historischen Entwicklung*, 2007, p. 141 nota al pie 98; STRUCK-BERGHÄUSER, *Franz von Liszt und seine Gegner*, 2020, pp. 309 ss.

53.   VON LISZT, en EL MISMO *Strafrechtliche Aufsätze und Vorträge*, t. I, 1905, p. 384: «…la deplorable indulgencia de nuestra legislación penal solo es superada por la aún más deplorable indulgencia de nuestros tribunales penales, y queremos abolir la prisión de corta duración no porque sea demasiado dura, sino porque es inútil y perjudicial»; EL MISMO, en *Strafrechtliche Aufsätze und Vorträge*, t. I, 1905, pp. 523.

54.   RADBRUCH, «Autoritäres oder soziales Strafrecht? (1933)», en KAUFMANN, A. (ed.), *Gustav Radbruch. Gesamtausgabe*, t. 8, 1998, pp. 229 s.; también EL MISMO, «Die geistesgeschichtliche Lage der Strafrechtsreform (1932)», en WASSERMANN, A. (ed.), *Gustav Radbruch. Gesamtausgabe*, t. 9, 1992, pp. 325 s. Igualmente, KOHLRAUCH, «Art.: Strafe», en STIER-SOMLO/ELSTER (eds.), *Handwörterbuch der Rechtswissenschaft*, t. 5, De Gruyter, Berlin, 1928, p. 763.; SCHMIDT, Eb., «Zur Theorie des unbestimmten Strafurteils», *Schweizerische Zeitschrift für Strafrecht*, (45), 1931, pp. 216 ss.; GRÜNHUT, «Zur Frankfurter Tagung der IKV», *Zeitschrift für die gesamte Strafrechtswissenschaft*, (62), 1932, p. 777. Más opiniones parecidas de autores de la época en KUBINK, *Strafen und ihre Alternativen*, 2002, pp. 125 s. Algunas de estas afirmaciones, en particular la cita de

centro de las exigencias de la reforma moderna está la condena indeterminada[55] —puesto que un medio está deter-
minado por su fin, y a veces se tarda más en conseguir-
lo—, así como la lucha contra el delincuente habitual
peligroso[56], que «envenena todo el organismo como un
miembro enfermo», y sería comparable a un «cáncer»[57]. La
bondad, la clemencia, eso solo se aplica al delincuente oca-
sional que debería librarse con una «advertencia
[*Denkzettel*]»[58]. El delincuente habitual, en cambio, se pone
en manos de la «selección artificial del individuo social-
mente inadaptado»[59]: como «decapitarlo o ahorcarlo ya no
queremos, y deportarlo no podemos, lo único que nos queda es el encarcelamiento de por vida (o por tiempo

---

RADBRUCH mencionada en el texto, pueden deberse en parte al espíritu
de la época; RADBRUCH solía decir en un momento anterior que «la teoría de la seguridad es la teoría jurídico-penal del liberalismo» (RADBRUCH,
MSchrKrim, [5], 1908-1909, p. 4).

55. VON LISZT, en EL MISMO *Strafrechtliche Aufsätze und Vorträge*, t. I,
1905, p. 338 ss.; EL MISMO, en *Strafrechtliche Aufsätze und Vorträge*, t.
I, 1905, pp. 531 ss.; EL MISMO, en *Strafrechtliche Aufsätze und Vorträge*,
t. II, 1905, p. 399; EL MISMO, «E. F. Klein und die unbestimmte Verurteilung»,
en EL MISMO *Strafrechtliche Aufsätze und Vorträge*, t. II, 1905, pp. 133
ss.; véase también KOHLRAUCH, en STIER-SOMLO/ELSTER (eds.), *Handwörterbuch der Rechtswissenschaft*, t. 5, 1928, p. 771; SCHMIDT, Eb., *SchwZStR*,
(45), 1931, p. 212.
56. «El combate enérgico a la delincuencia habitual es una de las tareas más urgentes de nuestro tiempo» (VON LISZT, *ZStW*, [3], 1883, p. 36),
sobre esta figura FROMMEL, *Präventionsmodelle in der deutschen Strafzweck*-Diskussion,1987, pp. 83 ss.; KUBINK, *Strafen und ihre Alternativen*, 2002, pp. 97 ss.; KOCH, en HILGENDORF/WEITZEL (eds.), *Der Strafgedanke in seiner historischen Entwicklung*, 2007, p. 135: «lado oscuro
del "concepto" utilitario de pena de v. Liszt».
57. VON LISZT, *ZStW*, (3), 1883, p. 36.
58. VON LISZT, *ZStW*, (3), 1883, p. 42.
59. VON LISZT, *ZStW*, (3), 1883, p. 34.

indefinido)»[60]. En ordenamientos jurídicos extranjeros se puede contrastar empíricamente[61] —y no solo, como con los clásicos[62] o con VON LISZT, teóricamente[63]— que para la lógica fungibilista llevada a sus últimas consecuencias, el Derecho penal es solo otro nombre del Derecho policial. En este sentido, pueden señalarse las «medidas predelictuales» según la Ley española de Vagos y Maleantes de 1933[64], o el borrador ruso de un Código Penal o de Defen-

---

60. VON LISZT, *ZStW*, (3), 1883, p. 39.

61. Más referencias en GRECO, *Lebendiges und Totes in Feuerbachs Straftheorie*, 2009, pp. 115 s.

62. Quienes han opuesto repetidamente esta objeción a los modernos, cfr. solo BURI, «Der Zweckgedanke im Strafrecht», *Zeitschrift für die gesamte Strafrechtswissenschaft*, (4), 1884, p. 171; BIRKMEYER, *Archiv für Strafrecht*, (48), 1901, p. 74; EL MISMO, *GS*, (67), 1906, p. 415; NAGLER, *GS*, (70), 1907, pp. 30 s. (nota 3: «La objeción es tan obvia que todos los críticos de la pena de seguridad se han mostrado de acuerdo con ella: Merkel ... Wach ...»).

63. VON LISZT, *ZStW*, (13), 1893, p. 59, con la discusión de la propuesta originada en el círculo de la escuela moderna consistente en sustituir el StGB por la frase única «toda persona peligrosa debe ser inocuizada en interés de toda la sociedad», que considera «no necesariamente absurda»; EL MISMO, *ARWP*, (3), 1909-1910, p. 618, ciertamente limitado a los enfermos mentales o a las personas con culpabilidad reducida (¿por qué?); véase también KOCH, en HILGENDORF/WEITZEL (eds.), *Der Strafgedanke in seiner historischen Entwicklung*, 2007, p. 137; STRUCK-BERGHÄUSER, *Franz von Liszt und seine Gegner*, 2020, pp. 147 ss. Presentación de las posteriores propuestas de reforma de VON LISZT en el sentido de una detención independiente de la comisión de un delito (también de su «Proyecto de ley sobre la detención de menores» de 1904) en GERMANN, *Rechtsgeschichte*, (14), 2009, p. 110.

64. Sobre ello solo HEREDIA URÁIZ, «Control y exclusión social. La Ley de Vagos y Maleantes en el primer franquismo», en ROMERO SALVADOR/SABIO ALCUTÉN, *Universo de micromundos. VI Congreso de Historia Local de Aragón*, 2009, pp. 109 ss.

sa Social presentado en 1930 por KRYLENKO, que prescindió de la parte especial[65].

2. LA REFORMA DEL DERECHO PENAL EN LA POSGUERRA

Nos saltamos el régimen nacionalsocialista[66] y pasamos a la discusión sobre la reforma en el período de la posguerra.

a) La *Ley Penal Económica* (WStG) *de 26 de julio de 1949*, que introdujo la categoría de «infracción administra-

---

65. Véase solamente MAURACH, *Grundlagen des räterussischen Strafrechts*, 1933, p. 163; EL MISMO, «Das sowjetische Strafrecht 1917–1952», *Osteuropa*, (2), 1952, p. 322; GRAVEN, «Le Droit Pénal Soviétique», *Revue de Science Criminelle et de Droit Pénal Comparé*, 1948, p. 239.

66. Sin tomar posición sobre la cuestión de si este periodo supone una ruptura con otros desarrollos o si existe más bien una relación de continuidad (en el sentido de la tesis de la continuidad en particular NAUCKE, *Über die Zerbrechlichkeit des rechtsstaatlichen Strafrechts*, 2000, pp. IV ss.; EL MISMO, «NS-Strafrecht: Perversion oder Anwendungsfall moderner Kriminalpolitik?», *Rechtshistorisches Journal*, [11], 1992, *passim*; y MARXEN, *Der Kampf gegen das liberale Strafrecht*, 1975, p. 17; EL MISMO, «Das Problem der Kontinuität in der neueren deutschen Strafrechtsgeschichte», *Kritische Vierteljahresschrift für Gesetzgebung und Rechtswissenschaft*, [3-4], 1990, pp. 287 ss.; más tarde, VOGEL, *Einflüsse des Nationalsozialismus auf das Strafrecht*, 2004, pp. 7 ss.; en detalle AMBOS, *Nationalsozialistisches Strafrecht. Kontinuität und Radikalisierung*, 2019, pp. 49 ss). Según la dicotomía aquí adoptada, la cuestión de la continuidad se plantea de manera distinta. Así DAHM/SCHAFFSTEIN, *Liberales oder autoritäres Strafrecht?*, 1933, pp. 40 ss., se muestran enfáticamente a favor de una visión fungibilista del Derecho penal y de la pena: «Pues el Derecho penal no es una isla, no es una habitación separada con paredes opacas... El Derecho penal solo puede ser uno de los muchos medios de preservar la autoridad». Sobre la discusión de fondo en la época nazi también KUBINK, *Strafen und ihre Alternativen*, 2002, pp. 233 ss.

tiva [*Ordnungswidrigkeit*]» —la cual tenía que distinguir-se materialmente de la infracción penal [*Straftat*] (§ 6 WStG 1949[67]; § 3 WStG 1954)—, se basó en los trabajos previos de GOLDSCHMIDT, Erik WOLF y, en especial, Eb. SCHMIDT. To-dos estes autores reconocían algo especial en la sanción penal que la distinguía de la llamada «sanción administra-tiva [*Verwaltungsstrafe*]» o la «sanción reglamentaria [*Ord-nungsstrafe*]», la cual se convirtió en la sanción de multa [*Geldbuße*] —introducida también en el año 1949—[68]. Aun-que en primer término estos autores discutían sobre la na-turaleza del injusto penal y el injusto administrativo, y solo de forma secundaria sobre sus sanciones[69], la diferencia cualitativa respecto de sus requisitos repercute en las con-secuencias jurídicas. Para GOLDSCHMIDT la pena jurídica [*Rechtsstrafe*] sería un «menoscabo de la esfera jurídica de

---

67. El texto era (citado según SCHMIDT, Eb., *Das neue westdeutsche Wirtschaftsstrafrecht*, 1950, pp. 32 s.): «Una infracción [*Zuwiderhand-lung*] es un delito económico [*Wirtschaftsstraftat*] si vulnera el interés del Estado en la existencia y preservación del orden económico en su conjunto o en ámbitos específicos, ya sea 1. porque el alcance o el efec-to de la infracción es tal que perjudica la eficacia del orden económico protegido por el Estado, o 2. porque, al cometer la infracción, el infrac-tor demuestra una actitud que desprecia en su conjunto o en ámbitos específicos el orden económico protegido por el Estado, en particular cuando actúa profesionalmente, por interés propio censurable o de otro modo irresponsable o reincidiendo de forma persistente. En todos los demás casos, se trata de una infracción administrativa [*Ordnungswidri-gkeit*]».

68. Sobre esta discusión GRECO, «Von den mala in se zur poena in se. Reflexionen auf Grundlage der „alten" Diskussion über das sog. Ver-waltungsstrafrecht», en KRETSCHMER/ZABEL (eds.), *Studien zur Geschich-te des Wirtschaftsstrafrechts*, 2018, pp. 175 ss.

69. Véase GRECO, en KRETSCHMER/ZABEL (eds.), *Studien zur Geschichte des Wirtschaftsstrafrechts*, 2018, pp. 186 ss.: «Prioridad del delito sobre la pena».

una persona con voluntad», mientras que la «sanción administrativa [*Verwaltungsstrafe*]» es «utilidad»[70], «una amonestación de un órgano auxiliar»[71], «una autorización del Estado administrador a la autotutela»[72]. E. WOLF lo entiende de forma similar: «el sentido de la sanción administrativa es el de un medio disciplinario»; funciona como un «recordatorio de los deberes»[73]. La expresión más clara es la de Eb. SCHMIDT, quien reconoce una «profunda diferencia cualitativa»[74] entre la sanción reglamentaria [*Ordnungsstrafe*] y la pena criminal [*Kriminalstrafe*]: la primera es una «objetiva medida de utilidad de la administración, que con ella llama al orden y al deber de obedecer»[75], mientras que la segunda encarna una «expiación»[76]. En cambio, las OWiG (*Ordnungswidrigkeitengesetz*) posteriores, a partir de la de 1952 (§ 1), evitaron la definición sustantiva de infracción administrativa y dejaron la cuestión de la distinción cualitativa entre delito y infracción administrativa para la posterior discusión.

---

70. GOLDSCHMIDT, *Das Verwaltungsstrafrecht. Eine Untersuchung der Grenzgebiete zwischen Strafrecht und Verwaltungsrecht auf rechtsgeschichtlicher und rechtsvergleichender Grundlage*, 1902, p. 442 nota 22.
71. GOLDSCHMIDT, *Das Verwaltungsstrafrecht*, 1902, p. 552.
72. GOLDSCHMIDT, *Das Verwaltungsstrafrecht*, 1902, pp. 563, 566.
73. WOLF, E., «Die Stellung der Verwaltungsdelikte im Strafrechtssystem», en HEGLER *et al.* (eds.), *Festgabe für Reinhard von Frank zum 70. Geburtstag*, v. II, 1930, p. 585.
74. SCHMIDT, Eb., *Das neue westdeutsche Wirtschaftsstrafrecht*, 1950, p. 44.
75. SCHMIDT, Eb., *Das neue westdeutsche Wirtschaftsstrafrecht*, 1950, p. 48.
76. SCHMIDT, Eb., «Probleme des Wirtschaftsstrafrechts», *Süddeutsche Juristen-Zeitung*, (3-5), 1948, p. 235; EL MISMO, *Das neue westdeutsche Wirtschaftsstrafrecht*, 1950, p. 45.

b) La discusión sobre la *reforma del Derecho penal de los años sesenta*, protagonizada por la polémica entre el Proyecto de Código Penal de 1962 (en adelante P 1962) y el Proyecto Alternativo de Código Penal de 1966 (en adelante PA 1966)[77], también se entiende ampliamente como una reedición de la lucha de escuelas[78] y se remonta a la dicotomía retribución o prevención. Sin embargo, también puede entenderse como una disputa entre una visión singularista, que —siguiendo su compromiso con el Derecho penal de la culpabilidad («El proyecto se compromete con el Derecho penal de la culpabilidad»[79])— entendía la pena como «un juicio de desvalor ético sobre el comportamien-

77. Véase solamente KUBINK, *Strafen und ihre Alternativen*, 2002, pp. 434 ss.; de forma breve ROXIN/GRECO, *AT*, t. I, 5ª ed., 2020, § 4 nm. 17 ss., muy revisionista KUBICIEL, Vergeltung, Sittenbildung oder Resozialisierung? Die straftheoretische Diskussion um die Große Strafrechtsreform», en LÖHNING *et al.* (eds.), *Reform und Revolte*, 2012, pp. 217 ss.

78. Las conexiones con la Escuela Moderna las establecen principalmente los coautores del PA (ROXIN, «Franz v. Liszt und die kriminalpolitische Konzeption des Alternativentwurfs», *Zeitschrift für die gesamte Strafrechtswissenschaft*, (81), 1969, pp. 614; KAUFMANN, Art., «Der Alternativ-Entwurf eines Strafgesetzbuchs und das Erbe Radbruchs, Gedächtnisschrift für Radbruch», en EL MISMO *et al.* (eds.), *Gedächtnisschrift für Radbruch*, 1968, pp. 324 ss.; de forma retrospectiva SCHULZ, H., «Où est la neige d'antan oder die Strafrechtsreformer von gestern heute», en ARZT *et al.* (eds.), *Festschrift für Jürgen Baumann zum 70. Geburtstag*, 1992, pp. 442 ss), o autores que simpatizaban con el PA (SCHMIDT, Eb., Freiheitsstrafe, Ersatzfreiheitsstrafe und Strafzumessung im Alternativ-Entwurf eines Strafgesetzbuches», *Neue Juristische Wochenschrift*, 1967, p. 1929). Las similitudes y diferencias entre los modernos y el movimiento del PA son elaboradas por STÄCKER, *Die Franz v. Liszt-Schule*, 2012, pp. 218 ss.

79. P 1962, Exposición de Motivos (*E 1962, Begründung*). Deutscher Bunderstag, Drucksache IV/650, 4 de octubre de 1962, p. 96.

to humano»[80/81] y una visión fungibilista, cuyo lema era: «Las penas y las medidas sirven para proteger los bienes jurídicos y reintegrar al delincuente en la comunidad jurídica» (PA § 2 I). Ya es significativo que esta «norma clave»[82] del PA hable de *penas y medidas* al mismo tiempo; y que, además, los términos se definan por su finalidad, es decir, por aquello *para lo que sirven*, y no deban diferenciarse precisamente en este aspecto.

c) aa) Precisamente los rasgos más cuestionables del *P 1962*[83], que en su mayor parte pudieron ser corregidos por el PA y no llegaron a plasmarse en la ley actual, se basan directa y explícitamente en esta concepción específica de la pena, que (a diferencia de la retribución enfáticamente «jurídica» de los clásicos[84]) sigue teniendo un carácter mo-

---

80. P 1962. BT-Drucks. IV/650, p. 96.

81. En palabras del miembro de la Gran Comisión de Derecho Penal (JESCHECK, *Das Menschenbild unserer Zeit und die Strafrechtsreform*, 1957, p. 8: El P 1962 se basa en la búsqueda de una «ley penal poderosa que reconozca y admita los valores morales, presuponga la existencia y el carácter vinculante de los deberes morales y muestre al pueblo la imagen de su mejor yo como en un espejo». En consecuencia, atribuye un «significado más profundo» a la pena, «en la retribución del injusto y en la expiación [*Sühneleistung*] que se hace posible para el condenado» (p. 23). Véase también sobre ello DREHER, «Die erste Arbeitstagung der Großen Strafrechtskommission», *Zeitschrift für die gesamte Strafrechtswissenschaft*, (66), 1954, pp. 569 ss.

82. BAUMANN, «Einschränkungen der Strafbarkeit im Allgemeinen Teil des Alternativ-Entwurfs», *Golddammer's Archiv für Strafrecht*, 1967, p. 334; véase también SCHULZ, H., «Un tournant nouveau de la réforme du droit pénal allemand», *Revue International de Droit Comparé*, (20), 1968, p. 493: «piedra angular».

83. Ahora TIMM, *Der Entwurf eines Strafgesetzbuches von 1962*, 2016.

84. En especial, NAGLER, *Die Strafe*, t. I, 1918, pp. 557 ss.; BELING, *Die Vergeltungsidee und ihre Bedeutung für das Strafrecht*, 1908, pp. 31 (retribución «secularizada», siguiendo a R. SCHMIDT), 50; ulteriores refe-

ralizante. El rechazo de la pena unitaria [*Einheitsstrafe*] en favor no solo de la criticada pena de presidio [*Zuchthausstrafe*], sino también de la introducción de un tipo adicional de pena privativa de libertad, el llamado arresto penal [*Strafhaft*], es «también una consecuencia del Derecho penal de la culpabilidad»[85]. «Para el Derecho penal de la culpabilidad, que ve en la pena un juicio de desvalor ético sobre el hecho, es necesario graduar este juicio según la gravedad del injusto y de la culpabilidad y expresar esta gradación en diferentes descripciones de hechos delictivos, así como en el uso de diferentes tipos de pena»[86]. Las penas cortas de prisión no se rechazan *per se*; como «efecto de choque» son incluso terapéuticas[87], y es precisamente con este fin que el Proyecto prevé el nuevo arresto penal [*Strafhaft*], cuya duración máxima debía ser de seis meses (§ 47 I)[88]. Y también con esta base moralizante, se podría mantener el de-

---

rencias en GRECO, *Lebendiges und Totes in Feuerbachs Straftheorie*, 2009, p. 411.

85. P 1962. BT-Drucks. IV/650, p. 98.

86. P 1962. BT-Drucks. IV/650, pp. 98, 164. Esto no fue apoyado por todos en la Comisión (cfr. DREHER, *ZStW*, [66], 1954, pp. 589 ss.); muy crítico con el mantenimiento de la reclusión [*Zuchthaus*] el miembro SCHMIDT, Eb., «Kriminalpolitische und strafrechtsdogmatische Probleme in der deutschen Strafrechtsreform», *Zeitschrift für die gesamte Strafrechtswissenschaft*, (69), 1957, pp. 380 ss; que se había pronunciado a favor de la pena unitaria [*Einheitsstrafe*] como ponente de la Comisión (en retrospectiva, KUBINK, *Strafen und ihre Alternativen*, 2002, pp. 336 s.).

87. P 1962. BT-Drucks. IV/650, p. 99; próximo DREHER, *ZStW*, (66), 1954, pp. 584 ss.; también más tarde (crítico con el PA) JESCHECK, «Die kriminalpolitische Konzeption des Alternativ-Entwurfs eines Strafgesetzbuchs (Allgemeiner Teil)», *Zeitschrift für die gesamte Strafrechtswissenschaft*, (80), 1968, p. 65.

88. P 1962. BT-Drucks. IV/650, pp. 164 s.; véase también KUBINK, *Strafen und ihre Alternativen*, 2002, p. 337.

lito contra el comportamiento homosexual entre hombres adultos con el argumento de que no se descartaría que «determinados casos de comportamiento particularmente reprobable desde el punto de vista ético y, según la convicción general, vergonzoso, puedan ser castigados con pena aunque el acto individual no vulnere ningún bien jurídico directamente determinable»[89].

bb) Por el contrario, el PA[90] proclama el «adiós a Kant y a Hegel»[91] y advierte: «Imponer penas no es un proceso metafísico, sino una amarga necesidad en una comunidad de seres imperfectos, como son los seres humanos»[92]. Se esfuerza por la «desmitificación de la pena»[93], en particular por la «desmetafisicación (*Entmetaphysizierung*)», la «desmoralización», la «liberalización», la «humanización»[94] del Derecho penal. BAUMANN, coautor del PA, habló de un «principio de la "utilidad social de la norma penal"»[95]. Utilizando nuestras categorías: La pena no se justifica *per se*,

---

89. P 1962. BT-Drucks. IV/650, p. 375; véase también JESCHECK, *ZStW*, (80), 1968, p. 3.

90. Sobre el PA del StGB, solamente GRECO/ROGER, «Strafrechtsreform als Wissenschaft – zum 50-jährigen Jubiläum des Alternativ-Entwurfs eines Strafgesetzbuchs 1966», *JuristenZeitung*, (71-23), pp. 1125 ss.

91. KLUG, «Abschied von Kant und Hegel», en BAUMANN (ed.), *Programm für ein neues Strafgesetzbuch*, 1968, pp. 36 ss.

92. BAUMANN *et al.*, *Alternativ-Entwurf eines Strafgesetzbuchs. Allgemeiner Teil*, 1966, p. 29. La frase se remonta a SCHULZ, H., «Kriminalpolitische Bemerkungen zum Entwurf eines Strafgesetzbuches (E 1962)», *Juristen-Zeitung*, (21), 1966, pp. 114 ss.; EL MISMO, «Strafrechtsreform nach dem Alternativ-Entwurf», en BAUMANN *et al.*, *AE-AT*, 1966, p. 10.

93. BAUMANN, «Die Reform des allgemeinen Teils eines Strafgesetzbuchs», en EL MISMO, *Weitere Streitschriften zur Strafrechtsreform*, 1969, p. 45.

94. ROXIN, «Strafzweck und Strafrechtsreform», en BAUMANN (ed.), *Programm für ein neues Strafgesetzbuch*, 1968, p. 77.

95. BAUMANN, «Was erwarten wir von der Strafrechtsreform?», en EL MISMO, *Weitere Streitschriften zur Strafrechtsreform*, 1969, p. 26.

sino en la mejor tradición moderna como un medio (fungible) —una amarga necesidad que pierde su legitimidad cuando deja de ser necesaria; la pena es, en este sentido, *ultima ratio* o subsidiaria, a lo cual el movimiento del PA se refiere ahora explícitamente[96]. Esto se traduce en la pena privativa de libertad unitaria[97], la abolición completa de la pena privativa de libertad de corta duración (§ 36 I ap. 1 PA)[98] y la restricción del Derecho penal a la protección de bienes jurídicos, con —por ejemplo— la supresión definitiva del delito de homosexualidad masculina[99].

d) Al final de la anterior exposición sobre la lucha de escuelas (II.1. d]), se advertía del peligro de etiquetar precipitadamente la posición fungibilista como la de "los buenos". Esto es algo más difícil de hacer en este punto si no se recuerdan dos cosas:

aa) En primer lugar, a pesar de la retórica fungibilista, el PA no estaba totalmente convencido de la fungibilidad

---

96. Sobre ello, Roxin, «Sinn und Grenzen staatlicher Strafe (1966)», en EL MISMO, *Strafrechtliche Grundlagenprobleme*, 1973, p. 1 ss.; EL MISMO, *ZStW*, (81), 1969, p. 40.

97. BAUMANN *et al.*, *AE-AT*, 1966, pp. 73 s.; en la que el PA obtuvo la aprobación del discípulo de VON LISZT y coautor del P 1962, SCHMIDT, Eb., *NJW*, 1967, p. 1933, que había intentado en vano que la Gran Comisión de Derecho Penal adoptase esta posición (cfr. nota 86); así también JESCHECK, *ZStW*, (80), 1968, p. 63. VON LISZT, en EL MISMO *Strafrechtliche Aufsätze und Vorträge*, t. I, 1905, p. 399, por su parte, se había pronunciado enérgicamente contra la uniformización de las penas privativas de libertad (véase también KUBINK, *Strafen und ihre Alternativen*, 2002, p. 105).

98. BAUMANN *et al.*, *AE-AT*, 1966, p. 71; véase también, de nuevo a favor, SCHMIDT, Eb., *NJW*, 1967, p. 1933.

99. BAUMANN *et al.*, *Alternativ-Entwurf eines Strafgesetzbuchs, Besonderer Teil. Sexualdelikte. Straftaten gegen Ehe, Familie und Personenstand. Straftaten gegen den religiösen Frieden und die Totenruhe*, 1968, p. 33.

de la pena. Ello se debe a que decidió someter la pena al principio de culpabilidad (cf. la redacción ulterior de la citada disposición clave del § 2 II PA: «La pena no puede exceder el grado de culpabilidad...»), y se comprometió con una comprensión mucho más estricta de este principio que la que fue la base del P 1962, que lo "profesaba" solemnemente. El PA hablaba de culpabilidad por el *hecho* [*Tatschuld*][100], mientras que el P 1962 admitía la culpabilidad por la conducción de la vida [*Lebensführungsschuld*], que se expresaba en particular en la agravación por reincidencia (§ 61)[101] —la cual fue suprimida por el PA[102]—. Para el P 1962, la culpabilidad era solo la «fundamento» de la graduación de la pena (§ 60 I E 1962, norma predecesora del actual § 46 I StGB), lo que, según la exposición de motivos de la ley, probablemente no pretendía excluir las penas que excedían de la culpa[103]. Si la pena fuera «solo» una medida como otra cualquiera, entonces no habría sido necesario un principio de culpabilidad. El AE proporcio-

---

100. Baumann *et al.*, *AE-AT*, 1966, p. 29; crítico Jescheck, *ZStW*, (80), 1968, p. 58.

101. P 1962. BT-Drucks. IV/650, pp. 181 s.; Jescheck, *Das Menschenbild unserer Zeit und die Strafrechtsreform*, 1957, pp. 22 s.; el mismo, *ZStW*, (80), 1968, pp. 62 s. (en diálogo crítico con la PA); Schmidt, Eb., *ZStW*, (69), 1957, pp. 372 s., 385 ss.

102. El legislador se decidió por primera vez al respecto con la 23ª Ley de modificación del Derecho Penal (*Strafrechtsänderungsgesetz*, StrÄndG) de 13 de abril de 1986.

103. P 1962. BT-Drucks. IV/650, p. 97: «Por lo tanto, la pena debe ser esencialmente una pena por la culpabilidad [*Schuldstrafe*]. Sin embargo, la consideración de las demás funciones de la pena puede conducir a un aumento o a una reducción de la pena que el juez consideraría correspondiente a la culpabilidad». Sobre el debate en el seno de la Comisión, que sugiere una interpretación diferente, a saber, en el sentido de la teoría del margen de tolerancia o del espacio de juego [*Spielraumtheorie*], Dreher, *ZStW*, (66), 1954, pp. 570 s.

nó así un temprano e importante modelo de *síntesis entre fungiilismo y singularismo*, que se expresó en la doctrina, sobre todo, en la construcción teórica del coautor del PA, ROXIN: según su concepto, la culpabilidad no es una fundamentación, sino más bien una limitación de la pena[104]. No obstante, cabe señalar que la razón por la que el castigo debía someterse a estos límites especiales quedó sin

104. ROXIN, en EL MISMO, *Strafrechtliche Grundlagenprobleme*, 1973, p. 20 ss.; EL MISMO, *ZStW*, (81), 1969, pp. 52 s.; después EL MISMO, «Kriminalpolitische Überlegungen zum Schuldprinzip», *Monatsschrift für Kriminologie und Strafrechtsreform*, (56-7/8), 1973, pp. 316 s.; EL MISMO, «Zur jüngsten Diskussion über Schuld, Prävention und Verantwortlichkeit im Strafrecht», en KAUFMANN, Art. *et al.* (eds.), *Festschrift für Paul Bockelmann zum 70*, 1979, pp. 297, 309; EL MISMO, «Zur Problematik des Schuldstrafrechts», *Zeitschrift für die gesamte Strafrechtswissenschaft*, (96-3), 1984, pp. 645 ss., 654 ss.: «Transición de la bilateralidad a la «unilateralidad» del principio de culpabilidad»; EL MISMO, «Das Schuldprinzip im Wandel», en FRITJOF *et al.* (eds.), *Festschrift für Arthur Kaufmann zum 70. Geburtstag*, 1993, pp. 521 s.; antes que él, NOLL, *Die ethische Begründung der Strafe*, 1962, pp. 21 s. (quien, sin embargo, poco después pasó a un concepto funcional de la culpabilidad, privando así a esta de la posibilidad de limitar la prevención, véase EL MISMO, «Schuld und Prävention unter dem Gesichtspunkt der Rationalisierung des Strafrechts», en GEERDS *et al.* (eds.), *Festschrift für Hellmuth Mayer zum 70. Geburtstag*, 1966, pp. 219 ss.); EL MISMO, «Diskussionsvotum an der Strafrechtslehrertagung vom 21. bis 23. Mai 1964 in Hamburg», *Zeitschrift für die gesamte Strafrechtswissenschaft*, (76), 1964, p. 712. Crítico con la tesis de la culpabilidad como limitación de la pena (y no como fundamentación), GALLAS, «Der dogmatische Teil des Alternativ-Entwurfs», *Zeitschrift für die gesamte Strafrechtswissenschaft*, (80), 1968, pp. 2 s.; JESCHECK, *ZStW*, (80), 1968, pp. 58 s.; y también el coautor del PA, KAUFMANN, Art., «Dogmatische und kriminalpolitische Aspekte des Schuldgedankens im Strafrecht», *JuristenZeitung*, (22-18), 1967, p. 555; EL MISMO, «Schuldprinzip und Verhältnismäßigkeit», en WARDA *et al.* (eds.), *Festschrift für Richard Lange zum 70. Geburtstag*, 1976, pp. 27 s.; asimismo, JAKOBS, *Schuld und Prävention*, 1976, pp. 4 ss.

exponer[105]. La amargura de la amarga necesidad no se desarrolló, sino que más bien se caracterizó por ser una expresión contundente.

bb) Por lo tanto, solo faltaba un pequeño paso para que la amargura se olvidara y la necesidad pasara al primer plano. En este sentido, no hay que detenerse en la discusión que se acaba de describir, sino que hay que seguir examinado qué lecciones se han extraído en las generaciones posteriores, especialmente de la retórica fungibilista. Esto nos lleva ya a la siguiente fase, la de la lucha por la llamada «modernización del Derecho penal».

3. LA «MODERNIZACIÓN» O LA «EXPANSIÓN» DEL DERECHO PENAL

Por lo que respecta a la siguiente fase de la discusión sobre la reforma y los fundamentos del Derecho penal, para la cual me gustaría utilizar la expresión «modernización»[106], me gustaría subrayar dos cosas de antemano. Los vientos empiezan a soplar en sentido contrario: mientras que hasta ahora la reforma había ido predominantemente en la dirección de restringir, descriminalizar o despenalizar el De-

---

105. En este sentido, tienen razón las voces críticas citadas en la última nota; señaladamente JAKOBS, *Schuld und Prävention*, 1976, p. 5 nota 9: «¿Acaso la pena no es más que una medida limitada por la culpabilidad?».

106. HASSEMER, «Kennzeichen und Krisen des modernen Strafrechts», *Zeitschrift für Rechtspolitik*, (25-10), 1992, p. 378; retoman esta expresión GRACIA MARTÍN, *Prolegómenos para la lucha por la modernización y expansión del derecho penal y para la crítica del discurso de resistencia*, 2003; GRECO, *Modernização do direito penal, bens jurídicos coletivos e crimes de perigo abstrato*, 2011.

recho penal, ahora se trata de «expandir»[107] el Derecho penal: este debe interesarse por los «delitos en la economía»[108], la criminalidad medioambiental[109] y la relacionada con las drogas[110], por el terrorismo[111] y por la criminalidad organizada[112]. En segundo lugar, el legislador, que hasta entonces había prestado atención a los conceptos desarrollados por la doctrina, parece aventurarse cada vez más a volar en solitario[113]. En la literatura, en especial TIEDEMANN y su círcu-

---

107. Expresión de SILVA SÁNCHEZ, *Die Expansion des Strafrechts. Kriminalpolitik in postindustriellen Gesellschaften*, 2003.

108. Véase TIEDEMANN, en EL MISMO (ed.), *Das Verbrechen in der Wirtschaft*, 2ª ed., 1972; primera Ley de combate a la delincuencia económica (*Gesetz zur Bekämpfungder Wirtschaftskriminalität*, 1ª WiKG) de 29 de julio de 1976, BGBl. I 1976, p. 2034; Segunda Ley de combate a la delincuencia económica (2ª WiKG) de 15 de mayo de 1986, BGBl. I 1986, p. 721.

109. 18ª Ley de Modificación del Derecho Penal (*Strafrechtsänderungsgesetz*, StrÄG) de 28 de marzo de 1980, Ley de combate a los delitos contra el medio ambiente, BGBl. I 1980, p. 373; para una instructiva exposición véase BLOY, «Umweltstrafrecht: Geschichte – Dogmatik – Zukunftsperspektiven», *Juristische Schulung*, 1997, p. 577.

110. Ley de estupefacientes de 10 de enero de 1972, BGBl. I 1972, p. 1; Ley de reorganización del Derecho de estupefacientes de 28 de julio de 1981, BGBl. I 1981, p. 681

111. Ley de combate al terrorismo de 19 de diciembre de 1986, BGBl. I 1986, p. 2566.

112. Ley de combate al tráfico ilegal de drogas y otras formas de delincuencia organizada de 15 de julio de 1992 (*Gesetz zur Bekämpfung des illegalen Rauschgifthandels und anderer Erscheinungsformen der Organisierten Kriminalität*, OrgKG).

113. Cfr. por un lado el cuadro optimista de hace cuarenta años, NOLL, «Strafrechtswissenschaft und Strafgesetzgebung», *Zeitschrift für die gesamte Strafrechtswissenschaft*, (92), 1980, p. 77: «En política criminal, los órganos legislativos son probablemente más receptivos al asesoramiento científico que en otros ámbitos de la política», y por otro lado, recientemente, STRENG, «Kriminalpolitik», *Zeitschrift für die gesamte Strafrechtswissenschaft*, (92), 1953, pp. 911 s., con una propuesta de creación

lo son los que proporcionaron los esquemas de argumentación que fueron asumidos por el legislador en algunas de las áreas mencionadas, especialmente en el Derecho penal económico; en otras áreas, especialmente las tres últimas mencionadas (drogas, terrorismo, delincuencia organizada), el legislador trabajó más bien bajo su propia responsabilidad, en aplicación de los crecientes «mandatos de protección» supranacionales reales o presuntos[114].

b) Una mirada retrospectiva a la obra de TIEDEMANN, a quien se cita 16 veces en la exposición de motivos de la 1ª Ley de Combate a la Criminalidad Económica (WiKG) de 1976[115], también muestra lo comprometido que está con la lógica fungibilista[116]. Este autor no empieza con la pena,

---

de un «Consejo permanente de Política Criminal en el Ministerio Federal de Justicia, compuesto por científicos de todos los ámbitos pertinentes»; véase también, ya menos optimista que NOLL, SCHUBARTH, «Das Verhältnis von Strafrechtswissenschaft und Gesetzgebung im Wirtschaftsstrafrecht», *Zeitschrift für die gesamte Strafrechtswissenschaft*, (92), 1980, p. 80; ARZT, «Wissenschaftsbedarf nach dem 6. StrRG», *Zeitschrift für die gesamte Strafrechtswissenschaft*, (111), 1999, p. 757; HILGENDORF, «Beobachtungen zur Entwicklung des deutschen Strafrechts 1975–2005», en HILGENDORF/WEITZEL (eds.), *Der Strafgedanke in seiner historischen Entwicklung*, Duncker & Humblot, Berlin, 2007, p. 209: «Pérdida de influencia de los expertos».

114.   Expresión de KUDLICH, «Die Relevanz der Rechtsgutstheorie im modernen Verfassungsstaat», ZStW, (127), 2017, p. 644.

115.   BT-Drucks. 7/3441; y fue también el único representante de la ciencia penal en la comisión de expertos que acompañó la elaboración de la 2ª WiKG (véase también —crítico— SCHUBARTH, *ZStW*, [92], 1980, p. 99).

116.   Una vez más, el relato reconstructivo permite algunas simplificaciones: en TIEDEMANN, *Wirtschaftsstrafrecht und Wirtschaftskriminalität*, v. I, 1976, p. 128, se argumenta de forma singularista (la distinción entre pena [*Strafe*] y sanción de multa [*Geldbuße*] da lugar a una diferencia de calidad entre una infracción penal y una infracción administrativa).

sino con las tareas protectoras más generales del Estado social moderno[117], que también incluyen garantizar no solo los bienes individuales, sino también un orden económico[118] que funcione, o el medio ambiente como prototipo de los presupuestos naturales de la vida humana[119]. Éstos, como *bienes jurídicos colectivos*, «valores comunitarios independientes»[120], también deben ser reconocidos como dignos de protección por el Derecho penal que, por su parte, tiene una «función social»[121]. De este modo, TIEDEMANN aboga enfáticamente por una «orientación hacia bienes jurídicos supraindividuales (sociales) de la vida económica», es decir, una «protección de las instituciones por parte el Derecho penal»[122]. El fungibilismo se manifiesta más claramente en la inversión que hace TIEDEMANN del principio de *ultima ratio*: en vista de la densa red de posibilidades de control y sanción del Derecho administrativo, no es cier-

---

117. TIEDEMANN, *Tatbestandsfunktionen im Nebenstrafrecht*, 1969, p. 106; más tarde, EL MISMO, *Verfassungsrecht und Strafrecht*, 1991, p. 50.
118. TIEDEMANN, *Tatbestandsfunktionen im Nebenstrafrecht*, 1969, p. 66; EL MISMO, «Zur Reform der Vermögens-und Wirtschaftsstraftatbestände», *Zeitschrift für Rechtspolitik*, (3-11), p. 259; EL MISMO, «Welche strafrechtliche Mittel empfehlen sich für eine wirksamere Bekämpfung der Wirtschaftskriminalität?», *Verhandlungen des 49. Deutschen Juristentages*, (Gutachten C), 1972, p. 29; EL MISMO, «Die Bekämpfung der Wirtschaftskriminalität durch den Gesetzgeber», *JuristenZeitung*, 1986, p. 868; EL MISMO, «Wirtschaftsstrafrecht – Einführung und Übersicht», *Juristische Schulung*, 1989, pp. 691: «el orden económico estatal en su totalidad, el curso de la economía en su forma organizada, en resumen: la economía nacional con sus ramas individuales».
119. TIEDEMANN, *Die Neuordnung des Umweltstrafrechts*, 1980, pp. 10, 18, 28; EL MISMO, *JuS*, 1989, p. 693.
120. TIEDEMANN, *Tatbestandsfunktionen im Nebenstrafrecht*, 1969, p. 120.
121. TIEDEMANN, *Verhandlungen des 49. Deutschen Juristentages*, (Gutachten C), 1972, p. 35.
122. TIEDEMANN, *Wirtschaftsbetrug*, 1999, p. XIV.

to que la pena represente siempre la intervención más drástica[123].

Es con los bienes jurídicos colectivos donde TIEDEMANN crea escuela, creando descripciones vagas, para las que se sirve de otros ámbitos del Derecho —especialmente el Derecho público—, allí donde se hace evidente que el bien jurídico individual no es suficiente para la legitimación de la correspondiente nueva disposición penal[124]. A modo de ejemplo: el delito de «estafa de crédito» (§ 265b StGB) introducido en 1976 por la 1ª WiKG[125] se denomina estafa, pero se conforma con un acto de engaño («presenta documentos incorrectos o incompletos...» o «hace declaraciones incorrectas o incompletas por escrito» o «no comunica empeoramientos...»), renunciando a los otros (tres) resultados[126] y también a la intención de enriquecimiento, que se exige para la estafa clásica. A cambio, hay un pequeño des-

---

123. TIEDEMANN, *Tatbestandsfunktionen im Nebenstrafrecht*, 1969, p. 145, nm. 22; EL MISMO, Wirtschaftskriminalität als Problem der Gesetzgebung», EL MISMO (ed.), *Das Verbrechen in der Wirtschaft*, 2ª ed., 1972, pp. 16 s.; EL MISMO, *JuS*, 1989, p. 690; EL MISMO, «Strafrecht in der Marktwirtschaft», KÜPER *et al.* (eds.), *Festschrift für Walter Stree und Johannes Wessels zum 70. Geburtstag*, 1993, pp. 530 s.

124. Sobre la base del § 265 versión antigua StGB (fraude al seguro: un acto preparatorio para el fraude [grave: en particular, incendiar un objeto asegurado contra el riesgo de incendio o hundir un buque asegurado], el cual puede castigarse con una pena máxima de 10 años), Sentencia BGHSt 11, 398, 400; sobre este delito, véase VON RINTELEN, *Überindividuelle Rechtsgüter im Vorfeld des Betrugs?*, tesis doctoral Bonn, 1993, pp. 17 ss.

125. Sobre su historia y evolución, SCHUBARTH, *ZStW*, (92), 1980, pp. 80 ss.; VON RINTELEN, *Überindividuelle Rechtsgüter im Vorfeld des Betrugs?*, tesis doctoral Bonn, 1993, pp. 95 ss.

126. Sobre los requisitos del error, de la disposición [*Verfügung*] y del daño, véase HOYER, «§ 263», en *Systematischer Kommentar StGB*, 9ª ed., 2019, nm. 8.

cuento en la pena (pena máxima de 3 años; para la estafa es de 5). TIEDEMANN sortea la evidente dificultad de justificar esta disposición con el interés jurídico individual de
la propiedad atribuyendo al tipo penal una función pro-
tectora supraindividual: él sirve para garantizar la «funcionalidad del sector crediticio»[127].

Resulta revelador comparar la *protección de funcionalidades* [*Funktionsfähigkeiten*] —cada vez más popular en
las justificaciones de la ley[128], así como en la literatura[129]—
con las categorías que la literatura más antigua había introducido para distinguir cualitativamente entre injusto
penal [*Kriminalunrecht*] e injusto administrativo [*Ordun-
gunrecht*] (véase II.2 a]). Las funcionalidades son en sí mis-

---

127. En esta materia, ya TIEDEMANN, *Verhandlungen des 49. Deutschen
Juristentages*, (Gutachten C), 1972, pp. 65 ss.; después, EL MISMO, «§ 265b»,
en *Leipziger Kommentar StGB*, 11ª ed., 1996, nm. 9; EL MISMO, *Wirtschaftsbetrug*, 1999; también la exposición de motivos de la 1ª WiKG,
BT-Drucks. 7/3441, pp. 17 ss., 30 , 51; BT-Drucks. 7/5291, p. 15: el «sector bancario como tal y, por tanto, la economía en su conjunto» están
protegidos.
128. Véase, por ejemplo, la exposición de motivos de la 2ª WiKG, BT-
Drucks. 10/318, p. 12 (el fraude de inversiones como protección de la
«confianza en la integridad del mercado de capitales, cuyo funcionamiento es de importancia esencial para el orden económico»), p. 45
(«funcionamiento del mercado de capitales»); BT-Drucks. 10/5058, p. 26
(el § 152a del StGB se refiere a la «seguridad y funcionalidad de las operaciones de pago»), p. 35 (el § 266b del StGB se refiere a la «funcionalidad de las operaciones de pago sin efectivo»).
129. Sobre la dimensión supraindividual de la estafa de crédito, LAM-
PE, *Der Kreditbetrug (§§ 263, 265 b StGB)*, 1980, pp. 37 ss. (aunque algo crítico); elaboración y crítica, incluyendo también la historia de su
origen, VON RINTELEN, *Überindividuelle Rechtsgüter im Vorfeld des Betrugs?*, tesis doctoral Bonn, 1993, pp. 105 ss.; con ulteriores referencias,
según la jurisprudencia sentencias OLG Celle, *wistra* 1991, p. 359;
OLGHamm, NZG, 2004, p. 289; tendiendo al bien jurídico individual, la
sentencia BGHSt 36, 130.

mas manifestaciones del «bien público»[130] o del «bienestar como valor o valores administrativos superiores»[131]. De ellas se ocupa principalmente el derecho público más general. La protección de funcionalidades es, por tanto, un argumento comprometido con el fungibilismo.

La mayor parte de la literatura sigue esta línea, o bien —algunos pocos— teorizando[132], o —en su mayoría— a través de comentarios para prácticos[133]. Se introducen nue-

---

130. GOLDSCHMIDT, *Das* Verwaltungsstrafrecht, 1902, p 544; con ulteriores referencias GRECO, en KRETSCHMER/ZABEL (eds.), *Studien zur Geschichte des Wirtschaftsstrafrechts*, 2018, p. 177 nota 8.

131. WOLF, E., en HEGLER *et al.* (eds.), *Festgabe für Reinhard von Frank zum 70. Geburtstag*, v. II, 1930, pp. 521 s.

132. OTTO, «Konzeption und Grundsätze des Wirtschaftsstrafrechts», *Zeitschrift für die gesamte Strafrechtswissenschaft*, (96), 1984, pp. 342 ss.; EL MISMO, «Die Tatbestände gegen Wirtschaftskriminalität im Strafgesetzbuch», *Juristische Ausbildung*, 1989, pp. 26 ss.; BOTTKE, «Das Wirtschaftsstrafrecht in der Bundesrepublik Deutschland – Lösungen und Defizite», *wistra*, 1991, pp. 4, 8 ss.; EL MISMO, «Zur Legitimität des Wirtschaftsstrafrechts im engen Sinne und seiner spezifischen Deliktsbeschreibungen», SCHÜNEMANN/SUÁREZ (ed.), *Bausteine des europäischen Wirtschaftsstrafrechts*, 1994, pp. 113 ss.; LAMPE, «Überindividuelle Rechtsgüter, Institutionen und Interessen», en SIEBER *et al.* (eds.), *Festschrift für Klaus Tiedemann zum 70. Geburtstag*, pp. 79 ss. –en una línea similar incluso antes RUDOLPHI, «Die verschiedenen Aspekte des Rechtsgutsbegriffs», en BARTH, *Festschrift für Richard M. Honig*, 1970, p. 163: bienes jurídicos como «unidades funcionales sociales sin las cuales nuestra sociedad estatal no podría existir en su forma concreta»; AMELUNG, *Rechtsgüterschutz und Schutz der Gesellschaft*, 1970, pp. 330 ss.

133. Por ejemplo los autores de comentarios, si bien también presentan cierto escepticismo, LACKNER, «vor §263», en EL MISMO (ed.), *Strafgesetzbuch*, 13ª ed., 1980, nm. 1b; EL MISMO, «§ 265b», en *Strafgesetzbuch*, 13ª ed., 1980, nm. 1; DREHER/TRÖNDLE, «§ 264», en LOS MISMOS (eds.), *Strafgesetzbuch und Nebengesetze*, 38ª ed., 1978, nm. 3; LENCKNER, «§ 264», en SCHÖNKE/SCHRÖDER (eds.), *StGB*, 19ª ed., 1978, nm. 4; EL MISMO, «§ 265b», en SCHÖNKE/SCHRÖDER (eds.), *StGB*, 19ª ed., 1978, nm. 3. Véase también SCHUBARTH, *ZStW*, (92), 1980, p. 85 (sobre la «llamativa au-

vas figuras de legitimación que utilizan la misma lógica, subrayando que el Derecho penal es un instrumento (más) de control social global (por ejemplo, KRATZSCH: «protección de bienes jurídicos mediante control sobre lo imprevisible»[134]), o crea otros bienes jurídicos, en particular un bien jurídico de seguridad (KINDHÄUSER)[135], en referencia explícita a la historia de la filosofía política[136], así como a la discusión constitucional sobre los derechos fundamentales[137].

c) Sin embargo, no han faltado importantes críticas[138]. Las voces que poco a poco podrían catalogarse como per-

---

sencia de doctrina penal» en relación con la crítica del § 265b: «una parte nada desdeñable de la doctrina penal alemana» [se ha] «hundido en el terreno de los comentarios, los libros de texto y las técnicas de resolución de casos»).

134. Véase el título del apartado en KRATZSCH, *Verhaltenssteuerung und Organisation im Strafrecht*, 1985, pp. 119 ss.

135. KINDHÄUSER, *Gefährdung als Straftat*, 1989, p. 280; en seguida, EL MISMO, «Rationaler Rechtsgüterschutz durch Verletzungs- und Gefährdungsdelikte», en LÜDERSSEN (ed.), *Aufgeklärte Kriminalpolitik oder Kampf gegen das Böse?*, v. I, 1998, pp. 273 ss., EL MISMO, «Rechtsgüterschutz durch Gefährdungsdelikte», en AMELUNG *et al.* (eds.), *Festschrift für Volker Krey zum 70. Geburtstag am 9. Juli 2010*, 2010, p. 262.

136. KINDHÄUSER, *Gefährdung als Straftat*, 1989, pp. 284 ss.

137. KINDHÄUSER, *Gefährdung als Straftat*, 1989, pp. 286 ss.

138. Cito una vez más a SCHUBARTH, *ZStW*, (92), 1980, pp. 91 s. (sobre el supuesto bien jurídico colectivo subyacente al § 265b StGB); VOLK, «Strafrecht und Wirtschaftskriminalität», *JuristenZeitung*, 1982, pp. 87 s.; SEELMANN, «Risikostrafrecht: Die „Risikogesellschaft" und ihre „symbolische Gesetzgebung" im Umwelt-und Betäubungsmittelstrafrecht», *Kritische Vierteljahresschrift für Gesetzgebung und Rechtswissenschaft*, (75-4), 1992, pp. 453 s.; KRÜGER, *Die Entmaterialisierungstendenz beim Rechtsgutsbegriff*, 2000, pp. 57 ss.; HEFENDEHL, *Kollektive Rechtsgüter im Strafrecht*, 2002; véase también, WEIGEND, «Bewältigung von Beweis Strafschwierigkeiten durch Ausdehnung des materiellen Strafrechts?»,

tenecientes a una «*escuela de Frankfurt del Derecho penal*»[139]
—cuyos representantes más destacados fueron HASSEMER,
NAUCKE, LÜDERSSEN y ALBRECHT[140]—, tuvieron un especial
impacto. Los cuatro autores, aunque sus críticas a la modernización del Derecho penal sean similares, argumentan de forma distinta en muchos casos; desde nuestra perspectiva, cabe destacar que LÜDERSSEN[141] piensa de forma
decididamente fungibilista, NAUCKE y ALBRECHT de forma
decididamente singularista, mientras que HASSEMER se esfuerza por lograr una síntesis.

aa) La crítica de *LÜDERSSEN* al Derecho penal moderno es
solo una parte de su crítica al Derecho penal y a la pena
en general[142]. Todo lo que debería conseguirse a través del

---

en Schmoller *et al.* (eds.), *Festschrift für Otto Triffterer zum 65. Geburtstag*, 1996, pp. 699 s.

139. Un resumen en JAHN/ZIEMANN, «Die Frankfurter Schule des Strafrechts», *JuristenZeitung*, (19), 2014, pp. 943 ss.; desde una perspectiva
contemporánea SCHÜNEMANN, «Kritische Anmerkungen zur geistigen
Situation der deutschen Strafrechtswissenschaft», *Goltdammer's Archiv
für Strafrecht*, 1995, pp. 203 ss.; véase también ROXIN/GRECO, *AT*, t. I,
2020, 5ª ed., § 2 nm. 72 con ulteriores referencias.

140. Véase HERZOG, *Gesellschaftliche Unsicherheit und strafrechtliche
Daseinsvorsorge*, 1991, pp. 50 ss.; PRITTWITZ, *Strafrecht und Risiko*, 1993;
así como WOLF, E. A., «Die Abgrenzung von Kriminalunrecht zu anderen
Unrechtsformen», en HASSEMER (ed.), *Strafrechtpolitik*, 1987, pp. 137 ss.

141. Quien, en una de sus últimas opiniones, sigue insistiendo en la
peculiaridad cualitativa de la consecuencia jurídica pena, cfr., LÜDERS-
SEN, «Diskussionsbeitrag», en PRITTWITZ (ed.), *Rationalität und Empathie.
Kriminalwissenschaftliches Symposion für Klaus Lüderssen zum 80. Geburtstag*, 2014, pp. 214 s.

142. LÜDERSSEN, «Alternativen zum Strafen», en HAFT *et al.* (eds.), *Festschrift für Arthur Kaufmann zum 70. Geburtstag*, 1993, p. 487: «La pena es ineficaz e inhumana», EL MISMO, «Freiheitsstrafe ohne Funktion»,
en SCHULZ *et al.* (eds.), *Festschrift für Günter Bemmann*, 1997, p. 52:
«La pena en el Estado de Derecho es y sigue siendo una *contradictio
in adiecto*»; redacción casi idéntica EL MISMO, «Zurück zum guten alten,

Derecho penal —exclusivamente reparación para la víctima[143] y resocialización para el delincuente[144]— puede conseguirse mejor fuera del Derecho penal[145]. LÜDERSSEN es más radical que sus tres colegas de facultad en el sentido de que también rechaza su propuesta positiva: la vuelta a lo que ellos denominan «Derecho penal clásico»[146], es decir, un Derecho penal que se ocupe principalmente de proteger al in-

liberalen, anständigen Strafrecht?», en BÖLLINGER/LAUTMANN (eds.), *Vom Guten, das noch stets das Böse schafft: kriminalwissenschaftliche Essays zu Ehren von Herbert Jäger*, 1993, p. 274.

143. LÜDERSSEN, *Krise des öffentlichen Strafanspruchs*, 1995, p. 59, EL MISMO, «Die Perspektive der Wiedergutmachung», en *Abschaffen des Strafens?*, 1995, pp. 153 ss.; EL MISMO, en SCHULZ *et al.* (eds.), *Festschrift für Günter Bemmann*, 1997, pp. 57ss.

144. LÜDERSSEN, «Der Freiheitsbegriff der Psychoanalyse und seine Folgen für das moderne Strafrecht», en EL MISMO, *Abschaffen des Strafens?*, 1995, pp. 87 ss.; EL MISMO, «Krise des Resozialisierungsgedankens im Strafrecht», *Juristische Arbeitsblätter*, 1991, pp. 222 ss.; EL MISMO, en SCHULZ *et al.* (eds.), *Festschrift für Günter Bemmann*, 1997, p. 49, EL MISMO, «Resozialisierung und Menschenwürde», en EL MISMO (ed.), *Aufgeklärte Kriminalpolitik oder Kampf gegen das Böse?*, v. IV, 1998, pp. 109 ss.

145. LÜDERSSEN, en BÖLLINGER/LAUTMANN (eds.), *Vom Guten, das noch stets das Böse schafft*, 1993, p. 274; EL MISMO, «Übernahme der Aufgaben des Strafrechts durch andere Rechtsgebiete», en *Abschaffen des Strafens?*, 1995, p. 416.

146. En este sentido, ALBRECHT, P. A., «Erosionen des rechtsstaatlichen Strafrechts», *Kritische Vierteljahresschrift für Gesetzgebung und Rechtswissenschaft*, (76-2), 1993, p. 180; EL MISMO, «Das Strafrecht im Zugriff populistischer Politik», *Strafverteidiger*, 1994, pp. 266, 273; EL MISMO, «Organisierte Kriminalität: Das Kriminaljustizsystem und seine konstruierten Realitäten», *Kritische Vierteljahresschrift für Gesetzgebung und Rechtswissenschaft*, (80-3), 1997, p. 229; HASSEMER, *ZRP*, (25-10), 1992, p. 383; EL MISMO, «Die Tauglichkeit des modernen Strafrechts», en GREIVE (ed.), *Was taugt das Strafrecht heute?*, 1992, p. 24; NAUCKE, *Die Wechselwirkung zwischen Strafziel und Verbrechensbegriff*, 1985, pp. 16 ss.; EL MISMO, *Über die Zerbrechlichkeit*, 2000, pp. 79 ss, 82, 87, 130 ss, 155.

dividuo —o bien los bienes jurídicos personales[147] o bien los derechos subjetivos[148], no las funcionalidades [*Funktionsfähigkeiten*] colectivas[149]— frente a comportamientos provocadores de lesión, y no meramente de peligro—. ALBRECHT describe el Derecho penal moderno como expresión del cambio de un Estado constitucional a un Estado intervencionista[150] y rechaza cualquier prevención[151]. *NAUCKE* com-

---

147. En particular, HASSEMER, Grundlinien einer personalen Rechtsgutslehre», en PHILIPPS (ed.), *Jenseits des Funktionalismus. Arthur Kaufmann zum 65. Geburtstag*, 1989, pp. 91 s.; EL MISMO, *ZRP*, (25-10), 1992, p. 379; HOHMANN, «Von den Konsequenzen einer personalen Rechtsgutsbestimmung im Umweltstrafrecht», *Golddammer's Archiv für Strafrecht*, 1992, pp. 76 ss.

148. NAUCKE, *Über die Zerbrechlichkeit*, 2000, pp. 61 ss., 75, 79 ss., 411 ss., 414.

149. Sobre la crítica a los bienes jurídicos colectivos, HASSEMER, «Symbolisches Strafrecht und Rechtsgüterschutz», *Neue Zeitschrift für Strafrecht*, (12), 1989, p. 557; y NAUCKE, a quien probablemente solo le gustaría reconocer bienes jurídicos colectivos en el ámbito de los delitos de protección del Estado, entre los cuales se encuentran la falsificación de moneda y los crímenes contra el Estado —es decir, la alta traición [*Hochverrat*] y la traición al Estado [*Landesverrat*]— (NAUCKE, *Über die Zerbrechlichkeit*, 2000, p. 95). En otro lugar, escribe que el Derecho penal del Estdo de Derecho elude los bienes jurídicos de la colectividad y solo los utiliza «para asegurar la base de la vida y la libertad del individuo», EL MISMO, *Über die Zerbrechlichkeit*, 2000, p. 415.

150. ALBRECHT, P. A., «Das Strafrecht auf dem Weg vom liberalen Rechtstaat zum sozialen Interventionsstaat», *Kritische Vierteljahresschrift für Gesetzgebung und Rechtswissenschaft*, (71-3), 1988, p. 182, también EL MISMO, «Prävention als problematische Zielbestimmung im Kriminaljustizsystem», *Kritische Vierteljahresschrift für Gesetzgebung und Rechtswissenschaft*, (69-1), 1986, p. 58.

151. ALBRECHT, P. A., *KirtV*, (69-1), 1986, pp. 55 ss.; EL MISMO, «Das Strafrecht im Zugriff populistischer Politik», *Strafverteidiger*, 1994, p. 266: la modernización —que se remonta a VON LISZT— como «pecado original»; EL MISMO, «Erosionen des rechtsstaatlichen Strafrechts», *Kritische Vierteljahresschrift für Gesetzgebung und Rechtswissenschaft*, (76-

parte el rechazo de la prevención[152]. Este autor parte de una estricta inspiración kantiana[153], en nuestros términos: de una comprensión singularista de la pena, como reacción a hechos absolutamente merecedores de retribución [*Vergeltung*][154], en base a la cual aboga por una «cultura penal libre de política»[155] o un «Derecho que limite la lucha

---

2), 1993, p. 164. La prevención especial ya había sido criticada en un trabajo anterior, véase EL MISMO, «Spezialprävention angesichts neuer Tätergruppen», *Zeitschrift für die gesamte Strafrechtswissenschaft*, (97), 1985, pp. 831 ss.

152. Todo el desarrollo de las teorías preventivas desde BECCARIA se considera una «tradición de Derecho penal no humano» (NAUCKE, *Über die Zerbrechlichkeit*, 2000, p. 15; cfr. también los demás estudios históricos del mismo volumen). El rechazo de la prevención no era tan decisivo en los escritos anteriores: EL MISMO, Generalprävention und Grundrechte der Person», en HASSEMER/LÜDERSSEN/NAUCKE (eds.), *Hauptprobleme der Generalprävention*, Metzner, Frankfurt am Main, 1979, p. 28. En estudios posteriores se introduce un modelo explicativo diferente, que ya no entiende el verdadero Derecho penal como un alejamiento progresivo del ideal del Estado de Derecho por su orientación hacia la prevención, sino por su creciente flexibilidad sin un objetivo fijo. Esta flexibilidad es nueva en la medida en que no puede explicarse mediante estrategias de prevención, por lo que NAUCKE habla de un «Derecho penal pospreventivo» (cfr. EL MISMO, «Konturen eines nach-präventiven Strafrechts», *Kritische Vierteljahresschrift für Gesetzgebung und Rechtswissenschaft*, (82-3), 1999, p. 336.

153. NAUCKE, *Über die Zerbrechlichkeit*, 2000, p. 65: en KANT encontramos la idea de un Derecho «genuino», libre de política; además EL MISMO, *Gesetzlichkeit und Kriminalpolitik*, 1999, pp. 238 ss., 258 s.; EL MISMO, *Über die Zerbrechlichkeit*, 2000, p. 105 ss.

154. NAUCKE, *Über die Zerbrechlichkeit*, 2000, p. 70, 82 ss., 87 s., 134 ss. Existe, por tanto, una «interacción entre el concepto de pena y el concepto de delito»: cfr. EL MISMO, *Die Wechselwirkung zwischen Strafziel und Verbrechensbegriff*, 1985, pp. 16 ss.; EL MISMO, *Über die Zerbrechlichkeit*, 2000, p. 155.

155. NAUCKE, «Der Zustand des Legalitätsprinzips», en LÜDERSSEN, *Modernes Strafrecht und ultima-ratio-Prinzip*, 1990, p. 157.

contra el delito»[156]. Sin embargo, las reflexiones de HASSE-
MER me parecen las más fructíferas, por lo que merece la
pena detenerse un poco más en ellas.

bb) *HASSEMER*, sirviéndose de conceptos sociológicos,
comienza de forma fungibilista —el Derecho penal es un
instrumento de control social entre otros muchos (familia,
escuela, lugar de trabajo)—, sin embargo, halla el *proprium*
de este ámbito en su rigurosa formalización[157], es decir, en
su sujeción inquebrantable a los principios liberales limitadores de la pena. Esta singularidad permite al Derecho
penal desempeñar una nueva función, para la que HASSE-
MER introduce su propio concepto de prevención general
positiva[158]: el Derecho penal debe ser un *modelo de trato
humano frente a la desviación*[159], es decir, no es cuestión

---

156. NAUCKE, «Die Kriminalpolitik des Marburger Programms», *Zeitschrift für die gesamte Strafrechtswissenschaft*, (94), 1982, p. 564; ideas
próximas aparecen con anterioridad en, por ejemplo, EL MISMO, en HASS-
EMER/LÜDERSSEN/NAUCKE (eds.), *Hauptprobleme der Generalprävention*,
1979, p. 14.

157. En particular, HASSEMER, «Prävention im Strafrecht», *Juristische
Schulung*, 1987, pp. 263 s.; EL MISMO, *Einführung in die Grundlagen
des Strafrechts*, 2ª ed., 1990, pp. 316 ss.

158. HASSEMER, *Einführung in die Grundlagen des Strafrechts*, 2ª ed.,
1990, pp. 324 ss.; EL MISMO, «Variationen der positiven Generalprävention»,
en SCHÜNEMANN (ed.), *Positive Generalprävention*, 1998, pp. 41 ss; EL
MISMO, «Darf der strafende Staat Verurteilte bessern wollen? Resozialisierung
im Rahmen positiver Generalprävention», en PRITTWITZ *et al.* (eds.), *Festschrift für Klaus Lüderssen zum 70. Geburtstag*, Nomos, Baden-Baden,
2002, pp. 238 ss.; EL MISMO, «Strafrecht, Prävention, Vergeltung. Eine
Beipflichtung», HOYER *et al.* (eds.), *Festschrift für Friedrich-Christian
Schroeder zum 70. Geburtstag*, C.F. Müller, Heidelberg, 2006, pp. 55 ss.;
EL MISMO, *Warum Strafe sein muss*, 2009, pp. 108 ss.; EL MISMO, «The
Harm Principle and Rechtsgüterschutz», en SIMESTER *et al.* (eds.), *Liber-
al criminal theory. Essays for Andreas von Hirsch*, 2014, p. 202.

159. HASSEMER, *Einführung in die Grundlagen des Strafrechts*, 2ª ed.,
1990, p. 334.

únicamente de reafirmar ante los ojos de la población la norma penal vulnerada (lo que él denomina prevención integradora), sino también de reafirmar los propios principios limitadores de la pena. Al igual que el PA y ROXIN (supra II.2. d]), HASSEMER se esfuerza por lograr una síntesis entre singularismo y fungibilismo.

Destaca sobre todo el *diagnóstico* de HASSEMER sobre la modernización —que se inserta en el relato histórico de la dialéctica de la Ilustración dibujado por ADORNO/HORKHEIMER[160]— el cual también se aproxima a la dicotomía aquí utilizada: Los logros emancipatorios de la Ilustración, en el sentido de liberar al individuo de la autoridad y la tradición, llevan a una nueva tiranía, la de la técnica; todo lo factible se vuelve permisible. Antes que el trasfondo de tal diagnóstico, sus esfuerzos en el sentido de una síntesis son no solo coherentes, sino instructivos —sobre ello volveremos más adelante en apartado IV.1.

Sin embargo, al igual que se ha visto en relación a la "amargura" de la pena según el PA, no se elabora realmente el fundamento de lo singular. Más bien, el concepto de HASSEMER debería conducir paradójicamente a la inversión *tiedemanniana* del principio de *ultima ratio*, porque el Derecho penal caracterizado como un Derecho formalizado, es decir, como control social limitado, es siempre mejor *ceteris paribus* que el informal, es decir, que un control social sin límites.

d) Paralelamente a lo que acaba de describirse, se observan movimientos estrechamente relacionados, tanto en el ámbito científico como en el legislativo.

aa) Un desarrollo científico que no debería faltar en ninguna revisión histórica medianamente seria de la época

---

160. HASSEMER, *ZRP*, (25-10), 1992, p. 379.

posterior a 1970 es el *funcionalismo o normativismo* aso-
ciado al nombre de JAKOBS, así como —en reacción a este—
la corriente *neoidealista* que se remonta a E.A. WOLFF.

(1) No es fácil captar en pocas líneas las reflexiones vi-
vas y dinámicas —proteiformes— de JAKOBS[161]. Una aproximación natural aquí sería: mientras que TIEDEMANN *et al.*
se esfuerzan por la justificación y los frankfurtianos por
la crítica, JAKOBS quiere adoptar la sobria *perspectiva de
un observador,* mirar el Derecho penal desde fuera, comprender su contribución a la reafirmación de la norma y,
con ello, a la confirmación de la identidad social de forma
descriptiva[162]. La pena no es ni buena ni mala, sino un epi-

---

161.   Hacia él ahora KINDHÄUSER *et al.* (eds.), *Strafrecht und Gesellschaft.
Ein kritischer Kommentar zum Werk von Günther Jakobs,* 2019.

162.   Este modo de verse a sí mismo es especialmente evidente en «Das
Strafrecht zwischen Funktionalismus und ‚alteuropäischem' Prinzipiendenken», *Zeitschrift für die gesamte Strafrechtswissenschaft,* (107), 1995,
p. 855: «si se trata de una sobrecriminalización innecesaria o de una necesaria defensa de algo fundamental solo puede determinarse políticamente, pero no en términos de ciencia del Derecho penal»; véase también, EL MISMO, *Das Schuldprinzip,* 1993, p. 30. Solo aparentemente
distinto EL MISMO, «Strafrecht als wissenschaftliche Disziplin», en ENGEL/
SCHÖN (eds.), *Das Proprium der Rechtswissenschaft,* 2007, p. 106: La
ciencia del Derecho penal «se ocupa principalmente de la cuestión de
la legitimación del Derecho penal». Sin embargo, Jakobs no entiende la
legitimación como una categoría ético-normativa o político-filosófica,
sino sociológica: «La ciencia del Derecho penal también tiene que responder a la pregunta de qué Derecho penal es Derecho penal legítimo
en la época respectiva y cuál no es legítimo, en otras palabras, qué dis-
curso sobre lo justo y de lo injusto en una época determinada es un
discurso verdadero, la verdadera designación de la constitución norma-
tiva de la sociedad. ... La ciencia conecta el Derecho con el espíritu de
su tiempo y lo ordena y legitima o deslegitima a partir de este espíritu». También p. 133: «la explicación funcional busca "detrás" de lo que
se considera "justo" la conveniencia social oculta, la necesidad para la
subsistencia» (asimismo, EL MISMO, *System der strafrechtlichen Zurech-*

fenómeno: «La pena solo puede legitimarse por el valor del orden que con ella se quiere mantener»[163]. Así pues, que el Derecho penal debe interesarse por las unidades funcionales [*Funktionseinheiten*] sociales es una obviedad[164].

Al adoptar la perspectiva del observador, JAKOBS también se compromete con el fungibilismo. Esto queda más claro en sus primeros trabajos, en los que todavía opera como representante de la prevención general positiva y le gusta remitirse a LUHMANN[165]: Aquí, la pena (y antes de ella la imputación) se califica solo como un medio entre otros para la reafirmación de la norma, que se utiliza cuando los «comportamientos defectuosos (no) pueden tratarse de otra forma»[166], mejor dicho, en casos de «resolución de conflictos sin pena»[167]. Especialmente su muy discutido (mejor: muy criticado[168]) concepto funcional de culpabilidad se

---

nung, 2012, p. 19). Una ciencia crítica con el espíritu del tiempo [*Zeitgeist*] se convierte así en una *contradictio in adiecto*. Decididamente diferente, probablemente un caso atípico, EL MISMO, «Kriminalisierung im Vorfeld einer Rechtsgutsverletzung», *Zeitschrift für die gesamte Strafrechtswissenschaft*, (97), 1985, pp. 751 s., con la queja sobre el estado «predominante» de la dogmática «despreocupadamente positivista» y el diagnóstico de que «no hay tanto un abandono de principios como una persistencia en la presente falta de principios».

163. JAKOBS, *AT*, cap. 1 nm. 20.
164. JAKOBS, *AT*, cap. 1 nm. 11: «Absolutamente cualquier institucionalización de la actividad estatal puede convertirse en un bien jurídico (...)».
165. A partir de JAKOBS, *Schuld und Prävention*, 1976, pp. 9 ss.; después, EL MISMO, «Über die Behandlung von Wollensfehlern und von Wissensfehlern», *Zeitschrift für die gesamte Strafrechtswissenschaft*, (101), 1989, p. 517; y en particular, EL MISMO, *AT*, cap. 1 nm. 4 ss.
166. JAKOBS, *Schuld und Prävention*, 1976, p. 14.
167. JAKOBS, *AT*, cap. 1 nm. 12 ss.
168. Sobre la crítica solamente SCHÜNEMANN, «Die Funktion des Schuldprinzips im Präventionsstrafrecht», en SCHÜNEMANN (ed.), *Grundfragen*

basa en estas consideraciones[169]. Incluso en obras posteriores, en las que más bien se evita la palabra prevención[170], permanece el fungibilismo: la pena ya no tiene que «obtener» la reafirmación de la norma, sino «significar» esta reafirmación de la norma; sin embargo, todavía parece ha-

---

des modernen Strafrechtssystems, De Gruyter, Berlin, 1984, pp. 170 ss.; HIRSCH, «Das Schuldprinzip und seine Funktion im Strafrecht», *Zeitschrift für die gesamte Strafrechtswissenschaft*, (106), 1994, pp. 752 ss.; sigue siendo crítico, pero prudente GRECO, *Lebendiges und Totes in Feuerbachs Straftheorie*, 2009, pp. 499 s. (con ulteriores referencias, p. 247 nota 184); ROXIN/GRECO, *AT*, t. I, § 19 nm. 33 ss. (destacando también el «gran mérito del concepto funcional de culpabilidad», nm. 35b).

169.   JAKOBS, *Schuld und Prävention*, 1976, pp. 7 ss.: «Así, la exculpación de los delincuentes sexuales solo ha podido ser discutible después de que la medicina hubiera logrado presentar recetas para su tratamiento...»; más tarde, EL MISMO, *ZStW*, (101), 1989, p. 520; y las obras citadas en la nota 171.

170.   JAKOBS, *ZStW*, (107), 1995, pp. 844 s.: la confirmación de la identidad social «no es una consecuencia del proceso, sino su significado»; EL MISMO, «Zur gegenwärtigen Straftheorie», en KODALLE (ed.), *Strafe muss sein! Muss Strafe sein?: Philosophen - Juristen - Pädagogen im Gespräch*, 1998, pp. 37 ss.; EL MISMO, «Strafrechtliche Zurechnung und die Bedingungen der Normgeltung», *Archiv für Rechts- und Sozialphilosophie*, (74), 2000, pp. 59 s.; EL MISMO, «Das Selbstverständnis der Strafrechtswissenschaft vor den Herausforderungen der Gegenwart», en ESER/HASSEMER/BURKHARDT (eds.), *Die deutsche Strafrechtswissenschaft vor der Jahrtausendwende, Rückbesinnung und Ausblick*, 2000, p. 49: «la pena es la confirmación de la identidad de la sociedad, es decir, de la norma, y con la pena se alcanza siempre este —si se quiere así decir— fin o finalidad de la pena»; la prevención general positiva no es más que un «función latente de la pena» (p. 50); EL MISMO, «Der Zweck der Vergeltung», en KARRAS, *Festschrift für Nikolaos K. Androulakis*, 2003, pp. 251 ss.; desde EL MISMO, *Staatliche Strafe. Bedeutung und Zweck*, 2004, se ha vuelto a insistir en los aspectos fácticos de la pena («fin» o «finalidad» [Zweck]); y recientemente se habla de «prevención general que preserva la vigencia de la norma [geltungserhaltende Generalprävention]», EL MISMO, *System der strafrechtlichen Zurechnung*, 2012, p. 15.

ber multitud de sinónimos, ya que JAKOBS sigue aferrándose al concepto funcional de culpabilidad[171], según el cual el autor solo es culpable se faltar la posibilidad de "explicar" el hecho sin atribuirlo a otro o a las circunstancias.

Sin embargo, lo que la pena no puede hacer según este último concepto es todo aquello que va más allá de la comunicación, es decir proteger contra el peligro o hacerlo inofensivo, lo cual no se dirige comunicativamente a las personas, sino que se ocupa de la «naturaleza» de forma cognitivo-fáctica. En este sentido, la pena conserva cierto carácter propio; sin embargo, sigue siendo un medio de autoafirmación para la sociedad, y en este sentido se convierte en sustituible. Aquí es donde el Derecho penal tradicional del ciudadano, como lo llamaba JAKOBS, llega a su límite y es sustituido por el *Derecho penal del enemigo*[172],

---

171. Desde el «giro hacia Hegel», JAKOBS, *Der strafrechtliche Handlungsbegriff*, 1992, pp. 41 ss.; EL MISMO, *Das Schuldprinzip*, 1993, pp. 29 s.; EL MISMO, *ZStW*, (107), 1995, pp. 863 ss.; EL MISMO, «Die Schuld der Fremden», *Zeitschrift für die gesamte Strafrechtswissenschaft*, (119), 2006, pp. 940 s.; EL MISMO, en ENGEL/SCHÖN (eds.), *Das Proprium der Rechtswissenschaft*, 2007, pp. 129 ss.; EL MISMO, «„Recht des Willens" – „Schuld des Willens". Schuldzurechnung bei Hegel», en FISCHER/HOVEN (eds.), *Schuld*, 2017, p. 120; EL MISMO, *System der strafrechtlichen Zurechnung*, 2012, pp. 60, 61 ss.; y, por todos, EL MISMO, «Drei Bemerkungen zum gesellschaftsfunktionalen Schuldbegriff», en HEGER *et al.* (eds.), *Festschrift für Kristian Kühl zum 70. Geburtstag*, 2014, pp. 281 ss.

172. En primer momento (todavía muy crítico), JAKOBS, *ZStW*, (97), 1985, pp. 753 ss.; después probablemente en algún lugar entre descriptivo y afirmativo, EL MISMO, en ESER/HASSEMER/BURKHARDT (eds.), *Die deutsche Strafrechtswissenschaft vor der Jahrtausendwende*, 2000, pp. 55 ss.; EL MISMO, «Terroristen als Personen im Recht?», *Zeitschrift für die gesamte Strafrechtswissenschaft*, (117), 2005, pp. 842 ss.; EL MISMO, «Feindstrafrecht? – Eine Untersuchung zu den Bedingungen von Rechtlichkeit», *Höchst Richterliche Rechtsprechung im Strafrecht*, 2006,

en el que la autoafirmación social ya no se consigue con-firmando normas a través de la comunicación, sino a tra-vés de la «neutralización» [*Kaltstellung*][173] de *facto* de una fuente de peligro.

(2) Existe también un pequeño grupo de autores que, siguiendo una línea frankfurtiana (especialmente E.A. WOLFF[174], pero también NAUCKE[175]), se esfuerzan en recha-zar todo *pensamiento orientado hacia la conveniencia.* Para ellos (principales representantes: KÖHLER, KAHLO, ZACZYK, KLESCZEWSKI; hoy sobre todo MURMANN, GIERHAKE y NOLTENIUS), los fenómenos descritos —que también va-loran críticamente— no son tanto una expresión del fun-gibilismo, sino de un Derecho penal que solo se preocu-pa por la utilidad, que es dependiente de la política y que apenas se ve a sí mismo como Derecho. Estos autores ven en el alejamiento de KANT y HEGEL el origen de la desgra-cia y proponen, por tanto, un retorno a la pena retributi-va; a diferencia del P 1962, no debería tratarse de una re-tribución con carga ético-social, sino estrictamente jurídica, que, a diferencia de los clásicos, ya no se articula en tér-

---

p. 289; EL MISMO, «An den Grenzen rechtlicher Orientierung: Feindstrafrecht», en PARMAS *et al.* (eds.), *Festschrift für Jaan Sootak zum 60. Geburtstag,* 2008, pp. 131 ss.; EL MISMO, «Zur Theorie des Feindstrafrechts», en RO-SENAU/KIM, *Straftheorie und Strafgerechtigkeit,* 2010, pp. 167 ss. Estas afirmaciones desencadenaron un apasionado debate, que se resume, con ulteriores referencias, en GRECO, *Feindstrafrecht,* 2010; véase tam-bién ROXIN/GRECO, *AT,* t. I, 5ª ed., § 2 nm. 126 ss.

173. JAKOBS, en ESER/HASSEMER/BURKHARDT (eds.), *Die deutsche Straf-rechtswissenschaft vor der Jahrtausendwende,* 2000, p. 53.

174. WOLFF, E. A., «Das neuere Verständnis von Generalprävention und seine Tauglichkeit für eine Antwort auf Kriminalität», *Zeitschrift für die gesamte Strafrechtswissenschaft,* (97), 1985, p. 806; EL MISMO, en HASS-EMER (ed.), *Strafrechtpolitik,* 1987, pp. 137.

175. Sobre él, véanse las referencias en las notas 152 ss.

minos de autoridad estatal, sino sobre la base del mundo conceptual del idealismo alemán.

Según esta opinión —con alguna simplificación— el Derecho es una relación de reconocimiento que es negada por el delito[176]; esta negación es a su vez negada por la pena[177]. No es este el lugar para comentar la corrección de

---

176. WOLFF, E. A., en HASSEMER (ed.), *Strafrechtpolitik*, 1987, pp. 211 ss.; ZACZYK, *Das Unrecht der versuchten Tat*, 1989, pp. 196 ss.; KAHLO, *Das Problem des Pflichtwidrigkeitszusammenhanges bei den unechten Unterlassungsdelikten*, 1990, pp. 209 ss.; EL MISMO, «Die Weisheit der absoluten Theorien», en HERZOG *et al.* (eds.), *Festschrift für Winfried Hassemer*, 2010, pp. 410 s.; KÖHLER, *Strafrecht Allgemeiner Teil*, 1997, pp. 22 ss.; KLESCZEWSKI, *Die Rolle der Strafe in Hegels Theorie der bürgerlichen Gesellschaft*, 1991, pp. 26 ss.; EL MISMO, *Strafrecht. Allgemeiner Teil*, 3ª ed., 2017, § 1 nm. 13 ss. Delito como «atentado contra la capacidad jurídica [*Rechtsfähigkeit*] de otro»; a continuación MURMANN, *Die Selbstverantwortung des Opfers im Strafrecht*, 2005, pp. 196 ss.; GIERHAKE, *Der Zusammenhang von Freiheit, Sicherheit und Strafe im Recht*, 2013, pp. 247 ss., 255 ss.; NOLTENIUS, «Strafbegründung und der Grundsatz der Verhältnismäßigkeit», en ZABEL/ZIMMERMANN (eds.), *Grundrechtspolitik und Rechtswissenschaft, Band aus Anlass des 70. Geburtstages von Helmut Goerlich*, 2015, pp. 97 ss. Lo mismo ocurre en substancia, a pesar de la falta de afiliación genealógica a la misma «escuela», en FRISCH, «Straftat und Straftatsystem», en WOLTER (ed.), *Straftat, Strafzumessung und Strafprozess im gesamten Strafrechtssystem*, 1996, p. 146; y SEELMANN, «Anerkennung, Person, Norm», en PAWLIK *et al.* (eds.), *Festschrift für Günther Jakobs*, Heymann, Köln-Berlin-München, 2007, pp. 641 ss.

177. WOLFF, E. A., *ZStW*, (97), 1985, pp. 825 ss.; también KÖHLER, *Über den Zusammenhang von Strafrechtsbegründung und Strafzumessung*, 1983, p. 37 ss.; EL MISMO, *Der Begriff der Strafe*, 1986, pp. 50 ss.; EL MISMO, *AT*, pp. 48 ss., ZACZYK, *Das Strafrecht in der Rechtslehre J. G. Fichtes*, 1981, pp. 108 ss.; EL MISMO, «Zur Begründung der Gerechtigkeit menschlichen Strafens», en ARNOLD *et al.* (eds.), *Festschrift für Albin Eser zum 70. Geburtstag*, 2005, pp. 207 ss.; EL MISMO, «Über den Grund des Zusammenhangs von personalem Unrecht, Schuld und Strafe», en DANNECKER *et al.* (eds.), *Festschrift für Harro Otto*, 2007, pp. 202 s.; KAH-

la crítica que se hace al pensamiento utilitarista desde esta perspectiva[178], solo se pretende subrayar que estos enfoques también siguen comprometidos en gran medida con el fungibilismo, puesto que parten del Derecho, no del injusto penal [*Strafunrecht*], y mucho menos de la pena[179]. Para ellos, todo injusto, incluido el injusto civil, es una negación de la relación de reconocimiento, de modo que es difícil ver por qué a solo una determinada forma de injusto le correspondería la imposición de una pena[180]. Esta laguna en el razonamiento solo es resuelta por algunos en un momento posterior, a menudo mediante el uso de esquemas de pensamiento singularistas[181].

bb) La ciencia discute, el *legislador* actúa —e introduce reformas que tienen efectos sinérgicos en el sentido de

---

LO, en HERZOG *et al.* (eds.), *Festschrift für Winfried Hassemer*, 2010, pp. 383 ss.; KLESCZEWSKI, *AT*, § 1 nm. 24 ss., con un matiz resocializador.
178. Con la cual estoy de acuerdo en substancia, pero que también considero unilateral, cfr. más recientemente ROXIN/GRECO, *AT*, t. I, 5ª ed., 2020, § 3 nm. 51a f.
179. Muy claro en este sentido, recientemente, ZACZYK, «Freiheit als systembildendes Prinzip des Rechts bei Michael Köhler», en ROSTALSKI (ed.), *Grundlagen und Konzepte des Strafrechts*, 2021, p. 12; también FRISCH, «Wesentliche Voraussetzungen der Strafbarkeit im rechtsstaatlichen Strafrecht», en SELÇUK ÜNIVERSITESI/HUKUK FAKÜLTESI, *Diskussionsbeiträge zum Entwurf des türkischen Strafgesetzbuchs*, 1998, p. 23: «Estoy de acuerdo con usted en que debemos comenzar por el *Derecho* y no podemos anteponer nuestra perspectiva jurídico-penal como si fuéramos una isla».
180. Así SCHÜNEMANN, «Aporien der Straftheorie in Philosophie und Literatur – Gedanken zu Immanuel Kant und Heinrich von Kleist», en PRITTWITZ *et al.* (eds.), *Festschrift für Klaus Lüderssen*, 2002, pp. 331 ss.
181. Así FRISCH, «Strafe, Straftat und StraftatsystemimWandel», *Goltdammer's Archiv für Strafrecht*, 2015, pp. 84 s.; EL MISMO, Strafwürdigkeit, Strafbedürftigkeit und Straftatsystem», *Goltdammer's Archiv für Strafrecht*, 2017, pp. 370 ss.; que se basa en una concepción idealista o comunicativa de la pena (infra ap. 4.2).

establecer todo el sistema de justicia penal sobre el fungibilismo—. No me ocuparé tanto de la mediación entre víctima-delincuente introducida en 1994 (§ 46a StGB)[182], con la que se redescubre a la víctima —pero a la que volveremos más adelante (en el punto II.4. d] bb])—, para pasar a la posibilidad de prescindir de persecución penal bajo ciertas condiciones (§ 153a StPO) introducida en 1974[183], que se introdujo «para simplificar la persecución de la pequeña delincuencia y agilizar los procedimientos penales»[184]. En pocas palabras: el legislador vende la reforma como «persecución de la criminalidad», indicando claramente (también en la redacción de la disposición: «culpabilidad leve», «interés en la persecución») que considera la pena sustituible precisamente en este aspecto, aunque limitada a los delitos menos graves [*Vergehen*]. La mayor parte de la doctrina reaccionó indignada, quejándose de que el legislador hubiera actuado por su cuenta[185], sin haber consultado a la comunidad científica ni siquiera durante los grandes debates de la reforma, y hubiera declinado toda una lista de reservas[186], entre las que cabe citar: «marcha

---

182. Introducido por la Ley de Prevención de la Delincuencia de 28 de octubre de 1994, BGBl. I 1994, p. 3186, ver solamente Kubink, *Strafen und ihre Alternativen*, 2002, pp. 584 ss.
183. Ley de introducción del Código Penal (*Einführungsgesetz zum Strafgesetzbuch*, EGStGB) de 2 de marzo de 1974, BGBl. I 1974, p. 469.
184. BT-Drucks. 7/1261, p. 26.
185. Hirsch, «Zur Behandlung der Bagatellkriminalität in der BRD», *Zeitschrift für die gesamte Strafrechtswissenschaft*, (92), 1980, p. 236.
186. Hanack, «Das Legalitätsprinzip und die Strafrechtsreform, Bemerkungen zu § 153a des Entwurfs für ein Erstes Gesetz zur Reform des Strafverfahrensrechts vom 13.4.1972», en Lackner *et al.* (eds.), *Festschrift für Wilhelm Gallas zum 70. Geburtstag*, 1973, pp. 347 ss.; Hirsch, «Gegenwart und Zukunft des Privatklageverfahrens», en Warda *et al.* (eds.), *Festschrift für Richard Lange zum 70. Geburtstag*, 1976, pp. 823

fúnebre al principio de obligatoriedad (*Legalitätsprinzip*)»[187],

ss.; EL MISMO, *ZStW*, (92), 1980, pp. 224 ss.; DENCKER, «Die Bagatelldelikte im Entwurf eines EGStGB», *JuristenZeitung*, 1973, pp. 146 ss. Por otro
lado, a favor de la innovación, DREHER, «Die Behandlung der Bagatellkriminalität», en STRATENWERTH *et al.* (eds.), *Festschrift für Hans Welzel
zum 70. Geburtstag*, 1974, pp. 933 ss., ECKL, «Neue Verfahrensweisen
zur Behandlung der Kleinkriminalität», *Juristische Rundschau*, (3), 1975,
p. 99; HÜNERFELD, «Kleinkriminalität und Strafverfahren», *Zeitschrift für
die gesamte Strafrechtswissenschaft*, (90), 1978, pp. 919 ss., 922.
187.   Este es el título del ensayo de BAUMANN, «Grabgesang für das Legalitätsprinzip», *Zeitschrift für Rechtspolitik*, (5-12), 1972, pp. 273-275,
es cierto que aún no dirigido al § 153a StPO. Sin embargo, era fácil responder a esto, sobre todo por el «efecto preventivo de no saber» (PO-
PITZ, *Über die Präventivwirkung des Nichtwissens*, 1968) era suficiente-
mente conocido: «Debe rebatirse que, en el ámbito de los delitos de
bagatela, ya se ha relajado la obligación de perseguir» (BT-Drucks.
7/1261, p. 18); véase también KAISER, «Entwicklungstendenzen des Strafrechts», en SCHROEDER *et al.* (eds.), *Festschrift für Reinhart Maurach zum
70. Geburtstag*, 1972, p. 34: «no es de extrañar que el principio del deber de persecución o de legalidad procesal (Legalitätsprinzip) se vea
cada vez más socavado en términos puramente prácticos»; HÜNERFELD,
ZStW, (90), 1978, p. 921. En el sentido de desacreditar el principio del
deber de persecución, WEIGEND, *Anklagepflicht und Ermessen. Die Stellung des Staatsanwalts zwischen Legalitäts- und Opportunitätsprinzip
nach deutschem und amerikanischem Recht*, 1978, pp. 40 ss. [*N. del T.*
En Alemania se distingue entre los términos «principio de legalidad (*Ge-
setzlichkeitsprinzip*)», para hacer referencia al principio limitador del
ius puniendi, y «principio de legalidad u obligatoriedad (*Legalitätsprinzip*)», para hacer referencia al principio que obliga al Ministerio Fiscal
a ejercer la acción penal, cuyo antónimo sería el principio de oportu-
nidad. En castellano, suele utilizarse el término «principio de legalidad»
para refererise a ambos principios. Sin embargo, para mantener la distinción del original en alemán se ha preferido traducir *«Legalitätsprinzip»* como «principio de obligatoriedad», utilizado por algunos autores
para confrontar obligatoriedad-discrecionalidad en el ejercicio de la acción penal, cfr. DÍEZ-PICAZO, *El Poder de acusar. Ministerio fiscal y cons-
titucionalismo*, 2000, pp. 13 s.].

«procedimiento de compra de liberación penal»[188], e incluso «Derecho penal de clase»[189].

Los críticos también han reconocido lo estrechamente relacionado que está todo esto, y hasta qué punto el § 153a StPO va más allá de lo procesal[190]: el § 153a StPO es otra manifestación de la caja de Pandora que se abrió unos años antes, cuando se abandonó el compromiso singularista con el derecho penal de la culpabilidad. El § 153a StPO y la posibilidad de sobreseimiento en él introducida no solo facilita y reduce los costes de la persecución penal, sino también de la criminalización, que hasta entonces costaba necesariamente —y como mínimo— la persecución penal[191]. Por lo tanto, el sobreseimiento es válvula de escape de la expansión jurídico-material, lo que la hace fácticamente posible. Por último, si el castigo es solo pragmático, ya no es necesaria la ciencia del Derecho penal.

---

188. Este es el título del ensayo de SCHMIDHÄUSER, «Freikaufverfahren mit Strafcharakter im Strafprozeß?», *JuristenZeitung*, (28-17), 1973, pp. 529-536.

189. HANACK, en LACKNER *et al.* (eds.), *Festschrift für Wilhelm Gallas*, 1973, p. 363 (y véase p. 358: «nueva doble vía del Derecho penal»), SCHMIDHÄUSER, *JZ*, (28-17), 1973, p. 535.

190. Véase en particular, BAUMANN, *ZRP*, (5-12), 1972, p. 275: «Se quiere trasladar a la Fiscalía lo que sería tarea del legislador en derecho sustantivo»; HANACK, en LACKNER *et al.* (eds.), *Festschrift für Wilhelm Gallas*, 1973, p. 347: «En los últimos 100 años, probablemente no ha habido una propuesta legislativa de similar importancia fundamental para nuestro Derecho penal»; clarividente también DENCKER, *JZ*, 1973, p. 149 (a él el texto de la nota 236).

191. Esto ha sido trabajado sobretodo por NAUCKE, en particular NAUCKE, «Über deklaratorische, scheinbare und wirkliche Entkriminalisierung», *Golddammer's Archiv für Strafrecht*, 1984, p. 205; y EL MISMO, «Das System der prozessualen Entkriminalisierung», en SAMSON *et al.* (eds.), *Festschrift für Gerald Grünwald zum siebzigsten Geburtstag*, 1999, pp. 403 ss.

4. LA DISCUSIÓN EN LAS ÚLTIMAS DÉCADAS

Casi hemos llegado al presente (1990 y ss.); un presente que se caracteriza por una «nueva complejidad»[192] que desafía cualquier intento de realizar una dicotomía que simplifique la realidad. Sin embargo, el esquema interpretativo aquí propuesto también demuestra su potencial en la medida en que es probable que esté detrás de algunos de los acontecimientos más llamativos del periodo posterior al cambio de milenio.

a) Un primer fenómeno a destacar es la *creciente constitucionalización* de la discusión sobre los fundamentos del Derecho penal, especialmente *del debate sobre la criminalización.*

aa) El movimiento del PA se había esforzado en establecer un vínculo constitucional con la teoría del bien jurídico que propugnaba[193]. Sin embargo, el único autorizado para determinar el contenido de la Constitución, es decir, el Tribunal Constitucional Federal alemán [*Bundesverfassungsgericht*, en adelante BVerfG], lo vio (en parte) de otro modo. En la sentencia de 1994, que confirmó la constitucionalidad del delito contra la posesión de *cannabis* para

---

192. Así caracterizó HABERMAS la época anterior, HABERMAS, *Die neue Unübersichtlichkeit*, 1985.
193. No el PA en sí mismo, véase *AE-StGB*, p. 29, pero algunos coautores (véase ROXIN, en *Strafrechtliche Grundlagenprobleme*, 1973, p. 15), o autores afines al PA (véase RUDOLPHI, en BARTH, *Festschrift für Richard M. Honig*, 1970, pp. 158 ss.; CALLIESS, *Theorie der Strafe im demokratischen und sozialen Rechtsstaat*, 1974, p. 122 ss.). Véase también GRECO, «Verfassungskonformes oder legitimes Strafrecht? Zu den Grenzen einer verfassungsrechtlichen Orientierung der Strafrechtswissenschaft», en BRUNHÖBER *et al.* (eds.), *Strafrecht und Verfassung*, 2013, p. 17: «optimismo constitucional».

uso personal[194], no se hace referencia a la teoría del bien
jurídico; el Tribunal lleva a cabo un juicio de proporcionalidad de libro, en virtud del cual se declara constitucional
el precepto[195]. Esta disposición representa simplemente el
prototipo de todas las estrategias de justificación penal
ofrecidas por el fungibilismo: un vago bien jurídico colectivo (la salud pública[196]), que recuerda a una «funcionalidad [*Funktionsfähigkeit*]», que la RFA se ha comprometido
a proteger en virtud del Derecho penal internacional[197],
sirve para justificar un delito de peligro, que a su vez solo
puede declararse proporcionado porque existe la posibilidad de abstenerse de su persecución[198]. Por lo tanto, se
confirma empíricamente que la reducción del coste de la
persecución penal significa también una reducción del coste de la criminalización (II.3. d] bb]).

La literatura reaccionó de forma dividida. Hay alguna
crítica sobre los fundamentos[199], debiéndose destacar a

---

194. BVerfGE 90, 145.
195. BVerfGE 90, 145, 171 ss.
196. BVerfGE 90, 145, 174: entre otros «proteger la salud de las personas
y de la población en su conjunto de los peligros que entrañan los
estupefacientes».
197. BVerfGE 90, 145, 174 s.
198. BVerfGE 90, 145, 186 ss.; crítico a este aspecto NELLES/VELTEN, «Einstellungsvorschriften als Korrektiv für unverhältnismäßige Strafgesetze?», *Neue Zeitschrift für Strafrecht*, 1994, p. 366; STÄCHELIN, «Don't „Legalize it" but „Opportunize it"», *Juristische Arbeitsblätter*, 1994, pp. 246
ss.
199. NESTLER, «Rechtsgüterschutz und Strafbarkeit des Besitzes von
Schußwaffen und Betäubungsmitteln», en INST. FÜR KRIMINALWISS. FRANK-
FURT A. M. (ed.), *Vom unmöglichen Zustand des Strafrechts*, 1995, pp.
72 ss.; HAFFKE, «Drogenstrafrecht», *Zeitschrift für die gesamte Strafrechtswissenschaft*, (107), 1995, p. 761; NESTLER, «Grundlagen und Kritik des
Betäubungsmittelstrafrechts», en KREUZER (ed.), *Handbuch des Betäubungsmittelstrafrechts*, 1997, § 11 nm. 17 ss.; y antes todavía de la sen-

SCHÜNEMANN. Dicho autor da en el clavo al quejarse de la orientación fungibilista del juicio de proporcionalidad utilizado por el Tribunal «ampliándolo hasta llegar a una discrecionalidad del legislador penal mucho mayor que en el Derecho de familia, el Derecho fiscal o el Derecho de la seguridad social»[200]. Sin embargo, es el fungibilismo el que —a partir de un impulso dado por VOGEL[201]— es desarrollado en los trabajos de LAGODNY y APPEL[202]. Para ellos, no existen cuestiones de legitimidad genuinamente penales; la pena se convierte en distintas «intervenciones sobre derechos fundamentales», una primera intervención de la libertad general de actuación mediante la prohibición, y luego una segunda intervención en el derecho general de la personalidad (*Persönlichkeitsrecht*) mediante la imposición de la pena[203]. Ni siquiera en el caso de la prohibición se

---

tencia, KÖHLER, «Freiheitliches Rechtsprinzip und Betäubungsmittelstrafrecht», *Zeitschrift für die gesamte Strafrechtswissenschaft*, (104), 1992, p. 3.

200. SCHÜNEMANN, «Das Rechtsgüterschutzprinzip als Fluchtpunkt der verfassungsrechtlichen Grenzen der Straftatbestände und ihrer Interpretation», en HEFENDEHL/WOHLERS/V. HIRSCH (ed.), *Die Rechtsgutstheorie*, 2003, p. 147.

201. VOGEL, «Strafrechtsgüter und Rechtsgüterschutz durch Strafrecht im Spiegel der Rechtsprechung des Bundesverfassungsgerichts», *Strafverteidiger*, 1996, pp. 112 ss., 115; cfr. con los trabajos de TIEDEMANN, *Verfassungsrecht und Strafrecht*, 1991; PAULDURO, *Die Verfassungsgemäßheit von Strafrechtsnormen, insbesondere der Normen des Strafgesetzbuches im Lichte der Rechtsprechung des Bundesverfassungsgerichts*, 1992.

202. LAGODNY, *Strafrecht vor den Schranken der Grundrechte*, 1996; APPEL, *Verfassung und Strafe*, 1998; sobre este «movimiento positivista del Tribunal Constitucional» también GRECO, en BRUNHÖBER *et al.* (eds.), *Strafrecht und Verfassung*, 2013, pp. 17 ss.

203. LAGODNY, *Strafrecht vor den Schranken der Grundrechte*, 1996, pp. 78 ss., 95, 96 ss., 127; APPEL, *Verfassung und Strafe*, 1998, pp. 431

está dispuesto a reconocer cuestiones específicamente penales: es constitucionalmente irrelevante que una conducta esté prohibida por una ley penal o por una disposición perteneciente a otro ámbito del Derecho. Según APPEL, la pena no tiene (al menos) un «específico valor añadido en su intervención», ni en la prohibición ni en la imposición del mal, sino solo en el «reproche (*Vorhalt*)» de la vulneración de la norma que conlleva el proceso estatal de rehabilitación de la norma»[204]; se podría hablar aquí de un tímido residuo de singularismo.

En la *sentencia sobre el incesto* dictada por el BVerfG casi 15 años después[205], esta línea de pensamiento no solo se confirma, sino que se profundiza en dos aspectos: En primer lugar, se defiende la proporcionalidad (más general) en contra de una teoría específicamente penal del bien jurídico: «Las normas penales no están constitucionalmente sujetas a ningún requisito más estricto que este en relación con los fines que persiguen. En particular, tales no pueden derivarse de la teoría del bien jurídico-penal»[206]. Además, esta conclusión se sustenta en otro argumento que ya había aparecido en APPEL y en otros antes que él[207], pero que hasta entonces había tenido un papel poco des-

---

ss.; EL MISMO, «Rechtsgüterschutz durch Strafrecht», *Kritische Vierteljahresschrift für Gesetzgebung und Rechtswissenschaft*, (82), 1999, pp. 300 ss.

204. APPEL, *Verfassung und Strafe*, 1998, pp. 494 ss.

205. BVerfGE 120, 224.

206. BVerfGE 120, 224, 241.

207. APPEL, *Verfassung und Strafe*, 1998, pp. 329 ss., 387 ss.; EL MISMO, *KritV*, (82), 1999, pp. 286 s., 299 s.; asimismo, KUHLEN, «Das Selbstverständnis der Strafrechtswissenschaft gegenüber den Herausforderungen ihrer Zeit (Kommentar)», en ESER/HASSEMER/BURKHARDT (eds.), *Die deutsche Strafrechtswissenschaft vor der Jahrtausendwende, Rückbesinnung und Ausblick*, 2000, pp. 66 ss.

tacado en la discusión jurídico-penal: la democracia. En palabras del Tribunal: «según el ordenamiento constitucional [corresponde] al legislador democráticamente legitimado [...] determinar, al igual que los fines de la pena [...], los bienes que deben protegerse mediante el Derecho penal y adaptar las normas penales a la evolución social. Esta potestad no puede restringirse invocando bienes jurídicos supuestamente existentes o "reconocidos" por instancias ajenas al legislador»[208].

La decisión más reciente que declara la inconstitucionalidad de la nueva disposición contra el *favorecimiento comercial del suicidio* (§ 217 StGB) tampoco abandona este camino[209]. En la decisión se encuentran solo marginalmente consideraciones propias del Derecho penal[210]; sus *rationes decidendi* —la restricción excesiva de la autonomía de las personas dispuestas a suicidarse[211]— habrían sido pertinentes igualmente si se hubiera tratado de una mera prohibición de conducta sujeta a sanción de multa no penal[212]. Según el BVerfG, el problema al introducir el § 217 del Código Penal no radicaba en introducir una disposición penal, sino en la propia prohibición.

bb) La oleada más reciente de grandes contribuciones de orientación constitucional retoma estos impulsos (en

---

208. BVerfGE 120, 224, 242.

209. BVerfGE 153, 182 (nm. 223 ss.).

210. En la medida en que cita el voto particular de Hassemer de la sentencia sobre el incesto (BVerfGE 120, 224, 264) como precedente de la tesis de que «la preservación de un consenso realmente existente o presunto sobre valores o conceptos morales no puede ser el objetivo directo de la actividad legislativa penal» (BVerfGE 153, 182 [nm. 234]).

211. BVerfGE 153, 182 (nm. 264 ss.).

212. En la línea de lo sugerido por Roxin, «Die geschäftsmäßige Förderung einer Selbsttötung als Straftatbestand und der Vorschlag einer Alternative», *NStZ*, 2016, pp. 190 ss.

detrimento de otros, véase ap. IV.2. más adelante) y los sustenta sobre todo de forma más bien retórica. El tímido singularismo de Appel se transforma en un decidido fungibilismo: en el mejor de los casos, en palabras de Gärditz, existe una «sensación de que la pena estatal tiene una posición especial»[213], porque la pena es en realidad «algo ubicuo» que debe clasificarse «en el canon de los diversos instrumentos estatales de resolución de conflictos, como las órdenes de demolición emitidas por las autoridades de la construcción, las órdenes de expulsión y la recogida de alimentos contaminados con pesticidas»[214]. Por tanto, lo coherente es rechazar los criterios específicos de legitimación del Derecho penal, es decir, siendo suficientes la democracia y la proporcionalidad, como en todas partes. El

---

213. Gärditz, «Strafbegründung und Demokratieprinzip», *Der Staat*, (49), 2010, pp. 337 (cita), 356; cfr. Kotsoglu, «Das schweigende Strafrecht. Zur Auflösung des Streits über die ‚richtige' Straftheorie», en Bock/Harrendorf/Ladiges (eds.), *Strafrecht als interdisziplinäre Wissenschaft*, 2015, pp. 28 s.; asimismo, Burchard, «Strafverfassungsrecht – Vorüberlegungen zu einem Schlüsselbegriff», en Tiedemann *et al.* (eds.), *Die Verfassung moderner Strafrechtspflege – Erinnerung an Vogel*, 2016, pp. 38 ss.; el mismo, «Criminal Law Exceptionalism as an Affirmative Ideology, and its Expansionist Discontents», *Criminal Law & Philosophy*, (17), 2023, pp. 17 ss.; Stuckenberg, «Rechtsgüterschutz als Grundvoraussetzung von Strafbarkeit?», *Zeitschrift für die gesamte Strafrechtswissenschaft*, (129), 2017, p. 356. Véase también, en su opinión más reciente, Gärditz, «Demokratische Sonderstellung des Strafrechts?», en Bäcker/Burchard (eds.), *Strafverfassungsrecht*, 2022, p. 36: «no hay un «concepto» de pena detrás de las leyes penales positivas...»; el autor, sin embargo, muestra una disposición a conceder un «simbolismo especial de la pena», que, no obstante, ha de ser «domesticado democráticamente» (42 s., 50) —sobre lo simbólico véase infra ap. 4.2—.

214. Gärditz, *Staat und Strafrechtspflege*, 2015, p. 47; crítica acertada de Kaspar, «Rezension zu Klaus-Ferdinand Gärditz, Staat- und Strafrechtspflege », *Rechtswissenschaft*, (2), 2016, pp. 298 s.

lema de STUCKENBERG es «dogmática de los derechos fundamentales en lugar de teoría del bien jurídico»[215], y la consecuencia es el derecho incuestionable del Estado a castigar lo que es meramente inmoral[216] —pudiéndose añadir: igual que la inmoralidad proporciona una razón para denegar una licencia a un restaurante según el § 4 I n° 1, 2 Ley de Restauración (*Gaststättengesetz*)—. La búsqueda de un Derecho penal específico, precisamente según el modelo de la teoría del bien jurídico, es expresión de las «aspiraciones de una expertocracia de la justicia»[217] o, en otras

---

215. STUCKENBERG, «Grundrechtsdogmatik statt Rechtsgutslehre», *Goltdammer's Archiv für Strafrecht*, 2011, p. 654 (cuya exigencia de «establecer una dogmática de los derechos fundamentales específica del Derecho penal» [661], que es en sí misma digna de aprobación, acaba por quedarse en una simple promesa debido a la negación de toda especificidad del Derecho penal); asimismo BRUNHÖBER, «Die präventive Wende in der Strafgesetzgebung», en ASHOLT *et al.* (eds.), *Grundlagen und Grenzen des Strafrechts*, 2015, pp. 30 s.; véase también ACHENBACH, «Das Strafrecht als Mittel der Wirtschaftslenkung», *Zeitschrift für die gesamte Strafrechtswissenschaft*, (119), 2007, pp. 809 ss.; a favor de sustituir la perspectiva de los bienes jurídicos por la del criterio de los derechos humanos, VIGANÒ, «Menschenrechte und Strafrecht», en FAHL *et al.* (eds.), *Festschrift für Werner Beulke zum 70. Geburtstag*, 2015, pp. 55 ss.

216. «Por desagradable que resulte, difícilmente puede justificarse constitucionalmente prohibir a una mayoría parlamentaria que quiera penalizar un comportamiento "meramente inmoral"» (STUCKENBERG, *GA*, 2011, p. 659; también EL MISMO, The Constitutional Deficiencies of the German Rechtsgutslehre», *Oñati Socio-Legal Series*, (3-1), 2013, p. 38; EL MISMO, *ZStW*, [129], 2017, p. 349).

217. GÄRDITZ, *Der Staat*, (49), 2010, pp. 337 s.; véase también EL MISMO, *Staat und Strafrechtspflege*, 2015, pp. 39 ss; EL MISMO, «Demokratizität des Strafrechts und Ultima Ratio-Grundsatz», *JuristenZeitung*, (71-13), 2016, p. 648

palabras, de una «aristocracia del Derecho penal»[218], es decir de como la dogmática penal es, de forma «francamente inquietante, distante a la democracia»[219]. La crítica penal es posible, pero solo como tarea metajurídica[220].

b) La presión en favor de una visión fungibilista de la pena no solo proviene del derecho constitucional, sino también de Europa, es decir, de más arriba[221].

aa) Comienza ya con el hecho de que el principio fundamental del Derecho penal europeo, consistente en el *reconocimiento mutuo*, se ha trasplantado despreocupadamente del ámbito de la libre circulación de mercancías[222] al Derecho penal[223]: «La cerveza es cerveza, el aguardien-

---

218. Donini, *Strafrechtstheorie und Strafrechtsreform*, 2006, pp. 7 ss.; de acuerdo Ambos, «Zur Zukunft der deutschen Strafrechtswissenschaft: Offenheit und diskursive Methodik statt selbstbewusster Provinzialität», *Goltdammer's Archiv für Strafrecht*, 2016, pp. 178, 187, el cual es sin embargo partidario de la teoría de los bienes jurídicos; Burchard, en Tiedemann *et al.* (ed.), *Die Verfassung moderner Strafrechtspflege*, 2016, pp. 46 ss.

219. Stuckenberg, *GA*, 2011, p. 658 (cita), asimismo Gärditz, *Der Staat*, (49), 2010, p. 332; Stuckenberg, *Oñati Socio-Legal Series*, (3-1), 2013, pp. 37 ss., Gargarella, *Castigar al prójimo*, 2016, p. 23 y *passim*.

220. Gärditz, en Bäcker/Burchard (eds.), *Strafverfassungsrecht*, 2022, pp. 46 ss.

221. Véase también, Brodowski, «Sonderstellung des Strafrechts aus der europäischen Mehrebenenperspektive», en Bäcker/Burchard (eds.), *Strafverfassungsrecht*, 2022, pp. 146 ss.

222. Fundamental la STJCE de 11 de julio de 1974, C-8/74 (caso Dassonville); y la STJCE de 20 de febrero de 1979, C-120/78 (caso Cassis de Dijon); sobre la historia también Juppe, *Die gegenseitige Anerkennung strafrechtlicher Entscheidungen in Europa: historische Grundlagen – aktuelle und zukünftige Problembereiche*, 2007, pp. 36 ss.

223. Cfr. la crítica (precisamente por el origen no jurídico-penal del principio) solo Schünemann, «Europäischer Haftbefehl und EU-Verfassungsentwurf auf schiefer Ebene», *Zeitschrift für Rechtspolitik*, 2003, p. 186; el mismo, Europäischer Sicherheitsstaat = europäischer Po-

te es aguardiente» debe aplicarse, por tanto, también al enjuiciamiento penal[224]. Este principio muestra su peor cara en la orden de detención europea (DM 2022/584/JAI) y su cara amable (aunque poco reflexionada)[225] en la prohibición europea de la doble incriminación (art. 54 Acuerdo de Schengen; art. 50 Carta de los Derechos Fundamentales de la Unión Europea). Esta lógica subyace en la llamada *tríada de mínimos* establecida por el TJUE para la sanción de las infracciones que perjudiquen los intereses de la Unión: las sanciones que se determinen tendrían que ser efectivas, proporcionadas y disuasorias[226]; no se menciona el hecho de que tendrían que ser penales, entre otras cosas porque a este respecto la sanción se percibe solo como una consecuencia jurídica entre otras muchas. To-

lizeistaat?», *Zeitschrift für Internationale Strafrechtsdogmatik*, (14), 2007, p. 530; Kaiafa-Gbandi, «Die Bedeutung fundamentaler Strafrechtsprinzipien für das moderne EU-Strafrecht», en Fachbereich Rechtswissenschaft der Goethe-Universität Frankfurt am Main (ed.), *100 Jahre Rechtswissenschaft in Frankfurt*, 2014, p. 737; sin embargo, más positivo Gless, «Zum Prinzip der gegenseitigen Anerkennung», *Zeitschrift für die gesamte Strafrechtswissenschaft*, (116), 2004, pp. 356 ss.

224.   Tomo esta acertada, aunque probablemente caricaturesca, paráfrasis de Gless, *ZStW*, (116), 2004, p. 356.

225.   No es posible entrar aquí en más detalles; me remito a las consideraciones desarrolladas sobre el concepto de hecho [*Tatbegriff*] o de delito [*Straftatbegriff*] del art. 54 de Acuerdo de Schengen y el art. 50 de la Carta de Derechos Fundamentales de la Unión Europea en Greco, *Strafprozesstheorie und materielle Rechtskraft*, 2015, pp. 504 ss.

226.   STJCE de 21 de septiembre de 1989, C-68/88 («el escándalo del maíz griego»), en este sentido, de forma crítica Frisch, «Konzepte der Strafe und Entwicklungen des Strafrechts in Europa», *Golddammer's Archiv für Strafrecht*, 2009, pp. 402 s.; Achenbach, «Was kann Strafrecht heute noch leisten?», *Strafverteidiger Forum*, 2011, p. 423; extensamente Morgenstern, «Was sind eigentlich „wirksame, verhältnismäßige und abschreckende" Strafen?», en Neubacher/Bögelein (eds.), *Krise, Kriminalität, Kriminologie*, 2016, pp. 103 ss.

memos —por seleccionar solo una de las muchas opiniones— la declaración de la *Comisión Europea*[227] sobre el Derecho penal como medio para «garantizar la aplicación efectiva de la política de la UE»; recientemente se ha dicho que el Derecho penal es un componente dentro de un «ecosistema de seguridad europeo»[228]. Ninguna disposición penal ofrece una imagen más vívida de la actitud fungibilista descrita que el *delito de blanqueo de capitales* (§ 261 StGB)[229] —que proviene de las directrices internacionales, sobre todo europeas[230]—, el cual consta de más de 800 palabras y se ha ampliado una y otra vez[231]. Por ello, no sorprende que la decisión de Lisboa, con su insistencia en un principio de culpabilidad firme frente a la integración[232], sea recibida con extrañeza en la doctrina del Derecho europeo —mayoritariamente comprometida con el fungibilismo—, en la medida en que esta siquiera se interesa por el Derecho penal[233].

---

227. Comunicación de la Comisión al Parlamento Europeo, al Consejo, al Comité Económico y Social Europeo y al Comité de las Regiones [COM(2011) 573 *final*], titulada: «Hacia una política de Derecho penal de la UE: garantizar la aplicación efectiva de las políticas de la UE mediante el Derecho penal».

228. Según el comunicado de prensa oficial de 24 de julio de 2020 sobre la Estrategia de la UE para una Unión de la Seguridad, COM/2020/605 *final*.

229. Así, ya ARZT, *ZStW*, (111), 1999, pp. 758 s.

230. Sobre algunas, pero no todas, NEUHEUSER, «§ 261», en HEINTSCHEL-HEINEGG (ed.), *Münchener Kommentar StGB*, 4ª ed., 2021, nm. 27 ss.

231. Más recientemente mediante la Ley de mejora de las medidas penales de combate al blanqueo de capitales de 9 de marzo de 2021 (BGBl. I p. 327).

232. BVerfGE 123, 267, 413 s.; más de cerca ap. 4.2.

233. Pueden encontrarse opiniones representativas en este sentido, por ejemplo, en CLASSEN, «Legitime Stärkung des Bundestages oder verfassungsrechtliches Prokrustesbett? Zum Urteil des Bundesverfassungs-

bb) En el Derecho penal europeo, el fungibilismo tiene incluso el efecto de *fundamentar competencias*. La *sentencia del TJUE (entonces TJCE) de 2005 sobre la protección del medio ambiente* tomó el artículo 175 I TCE (actual artículo 192 I TFUE) como competencia anexa de la entonces Comunidad Europea para la adopción de decisiones marco —incluidas las de contenido penal—, con el argumento de que el medio ambiente solo puede protegerse eficazmente mediante normas uniformes, que incluyan también sanciones penales —¿cómo podría ser de otro modo si la pena no es nada especial?[234]—. En la literatura actual sobre Derecho penal europeo, la pena se entiende ampliamente como una de las *«medidas necesarias* para prevenir y combatir el fraude que afecte a los intereses financieros de la Unión»* mencionadas en el art. 325 IV TFUE, de modo que de esta disposición se deriva directa-

---

gerichts zum Vertrag von Lissabon», *JuristenZeitung*, 2009, p. 887: «esto sorprende» y *passim*; SCHÖNBERGER, «EU zwischen „Demokratiedefizit" und Bundesstaatsverbot», *Der Staat*, (48), 2009, pp. 554 s.; por último véase BÄCKER, «Zur Europäisierung des Strafverfassungsrechts», en BÄCKER/BURCHARD (eds.), *Strafverfassungsrecht*, 2022, pp. 170 ss.; juicio más positivo —no es sorprendente— en SCHÜNEMANN, «Spät kommt ihr, doch ihr kommt: Glosse eines Strafrechtlers zur Lissabon-Entscheidung des BVerfG», *Zeitschrift für Internationale Strafrechtsdogmatik*, (8), 2009, p. 393.

234. STJCE de 13 de septiembre de 2005, C-176/03, confirmada por la STJUE de 3 de junio de 2008, C-308/06, nm. 58 ss; críticos BRAUM, «Europäische Strafgesetzgebung – Demokratische Strafgesetzlichkeit oder administrative Opportunität?», *wistra*, 2006, pp. 121 ss.; SCHÜNEMANN, «Europas verschmitzte Usurpierung einer furchtbaren Gewalt», *Zeitschrift für Internationale Strafrechtsdogmatik*, (14), 2007, p. 535; ZÖLLER, «Europäische Strafgesetzgebung», *Zeitschrift für Internationale Strafrechtsdogmatik*, (7), 2009, p. 345: «La profundidad jurídica del razonamiento del Tribunal de Justicia de la Unión Europea deja efectivamente que desear y también recuerda a la imagen de un niño llorón».

mente una competencia de la UE para promulgar sus propias «leyes penales» (mediante reglamentos en el sentido del art. 288 II TFUE)[235]. El principio de delegación limitada y individual de competencias (art. 5 TUE) no se considera un motivo para dudar de ello, ya que la reducción de la pena a una «medida» (aunque «necesaria») se ha convertido en algo que se da por sentado.

cc) Hemos mirado hacia arriba y hacia afuera, es decir, hacia el BVerfG y hacia Europa, y hemos observado tendencias fungibilistas. Pero el *desarrollo interno del Derecho penal* también da muestra de algo similar.

(1) Comienza con el hecho de que el diagnóstico de DENCKER, realizado con ocasión de la introducción del § 153a StPO, consistente en que ello «no es más que la posibilidad de una terminación del proceso penal público similar a un acuerdo»[236], ha demostrado ser cierto. Se produjo un triunfo imparable de las formas consensuadas de terminación del proceso, especialmente en forma de los llamados acuerdos procesales [*Prozessabsprachen*][237]. El

---

235. Así, AMBOS, *Internationales Strafrecht*, 5ª ed., 2018, § 9 nm. 22 s.; HECKER, *Europäisches Strafrecht*, 6ª ed., 2021, § 4 nm. 68 ss.; KRÜGER, «Unmittelbare EU-Strafkompetenzen aus Sicht des deutschen Strafrechts», *Höchst Richterliche Rechtsprechung im Strafrecht*, (13), 2012, pp. 311 ss.; ROSENAU, «Zur Europäisierung im Strafrecht», *Zeitschrift für die gesamte Strafrechtswissenschaft*, (1), 2008, p. 16; SATZGER, «Grundsätze eines europäischen Strafrechts», BÖSE (ed.), *Europäisches Strafrecht mit polizeilicher Zusammenarbeit*, 2013, § 2 nm. 13; decididamente en contra ROXIN/GRECO, *AT*, t. I, 2020, 5ª ed., § 4 nm. 45.

236. DENCKER, *JZ*, 1973, p. 149.

237. Además de las referencias que figuran en las notas siguientes, en particular SCHÜNEMANN, *Absprachen im Strafverfahren? Grundlagen, Gegenstände und Grenzen, Verhandlungen des 58. DJT*, v. I, 1990; una retrospectiva en GRECO, «„Fortgeleiteter Schmerz" – Überlegungen zum Verhältnis von Prozessabsprache, Wahrheitsermittlung und Prozessstruktur», *Goltdammer's Archiv für Strafrecht*, 2016, pp. 1 ss.

argumento central a favor de esta práctica, que se estableció no solo *praeter* sino *contra legem*[238], fue una supuesta emergencia judicial[239], hasta que el legislador pudo decidir anclarla en la StPO a través de la regulación estatutaria de la conformidad [*Verständigung*], que entró en vigor en 2009[240]. Las críticas de parte de la doctrina tampoco fueron escuchadas por el BVerfG, que confirmó la constitucionalidad de la regulación (y solo objetó la observancia de esta regulación por parte de la práctica)[241]; lo que, si se toma como base la lógica fungibilista, no debería sorprender teniendo en cuenta que el proceso civil e incluso el de multa no-penal [*Bußgeld*] también prevén elementos consensuales. La rebaja que el § 153a de la StPO había introducido para el ámbito de la persecución y también para la

---

238. Más detalles en Schünemann, *Absprachen im Strafverfahren?*, v. I, 1990, pp. 80 ss.; véase también, el mismo, «Informelle Absprachen und Vertrauensschutz im Strafverfahren», *JuristenZeitung*, (44-21), 1989, pp. 984 ss; el mismo, «Die Verständigung im Strafprozess – Wunderwaffe oder Bankrotterklärung der Verteidigung?», *Neue Juristische Wochenschrift*, 1989, pp. 1897 ss., Hassemer, «Pacta sunt servanda – auch im Strafprozess?», *Juristische Schulung*, 1989, p. 892; Nestler/Tremel, «Der ‚deal' aus der Perspektive des Beschuldigten», *Kritische Justiz*, 1989, pp. 451 ss., Rönnau, *Die Absprache im Strafprozeß*, 1990, pp. 121 ss. y *passim*; Weigend, «Abgesprochene Gerechtigkeit – Effizienz durch Kooperation im Strafverfahren?», *JuristenZeitung*, 1990, pp. 777 ss.

239. BGHSt 50, 41, 51 ss.; sobre su crítica véase Schünemann, «Reflexionen über die Zukunft des deutschen Strafverfahrens», en Gamm *et al.* (eds.), *Festschrift für Gerd Pfeiffer zum Abschied aus dem Amt als Präsident des Bundesgerichtshofes*, 1988, pp. 463 ss.

240. Ley sobre la regulación de la conformidad en el proceso penal de 29 de julio de 2009 (BGBl I p. 2353), que introdujo las siguientes disposiciones, en particular: § 35a frase 3; § 160b; § 202a; § 212; § 243 párrafo 4; § 257b; § 257c; § 267 párrafo 3 frase 5; § 273 párrafo 1 frase 2, párrafo 1a; § 302 párrafo 1 frase 2 StPO.

241. BVerfGE 133, 168, 233 nm. 116 ss.

criminalización de las infracciones medianamente graves (al fin y al cabo: «delitos menos graves [*Vergehen*]») se extiende a los acuerdos [*Absprachen*] sobre delitos graves [*Verbrechen*][242].

(2) En este sentido, también es consecuente que los numerosos actos jurídicos de la UE que prevén de forma neutral la *sanción efectiva de las personas jurídicas*[243] se consideren, cada vez más, un motivo para que se introduzca en la legislación alemana la posibilidad de imponer penas [*Bestrafung*] a personas jurídicas. Es cierto que los proyectos de ley más recientes sometidos a debate —correctamente[244]— ya no utilizan las palabras «pena», «punición» [*Bestrafung*], sino solo «sanción» [*Sanktionierung*][245]. En vista de que apenas existe diferenciación entre ambas, no

---

242. Véase también, SALDITT, «Die Entlastungsspirale. Über Theorie und Praxis eines schlanken Strafverfahrens», en SCHULZ, *Festschrift für Günter Bemmann*, 1997, pp. 615, 624: El alivio que permite el consenso elimina las dificultades a las que ha dado origen.

243. Para una lista no precisamente corta de estos actos, SCHÜNEMANN/ GRECO, «vor § 25», en *Leipziger Kommentar StGB*, 13ª ed., 2021, nm. 21 nota 82; véase también HOCHMAYER, «Strafsanktionen gegen Unternehmen in Europa», en JOERDEN *et al.* (eds.), *Festschrift für Prof. Dr. Dr. h.c. mult. Keiichi Yamanaka zum 70. Geburtstag*, 2017, pp. 91 ss; véase también el art. 2 de la Convención de la OCDE; art. 26 de la Convención de las Naciones Unidas contra la corrupción.

244. GRECO, «Steht das Schuldprinzip der Einführung einer Strafbarkeit juristischer Personen entgegen? Zugleich Überlegungen zum Verhältnis von Strafe und Schuld», *Goltdammer's Archiv für Strafrecht*, 2015, pp. 514 ss.

245. Así, el llamado Proyecto de Colonia, cfr. HENSSLER/HOVEN/KUBICIEL/WEIGEND (eds.), *Grundfragen eines modernen Verbandsstrafrechts*, 2017; y (crítico) SCHÜNEMANN, «Der Kampf ums Verbandsstrafrecht in dritter Neuauflage, der „Kölner Entwurf eines Verbandssanktionengesetzes" und die Verwandlung von Kuratoren in Monitore – much ado about something», *Strafverteidiger Forum*, 2018, pp. 317 ss.; asimismo el Proyecto de ley para reforzar la integridad en la economía, presen-

es de extrañar que no se conceda importancia a la cuestión del etiquetado, y que se evite la palabra «pena» o «punición» solo para no causar una irritación innecesaria entre los puristas doctrinarios. Y los que ya aceptan penas o sanciones para las personas jurídicas ya no deben dudar en pronunciarse a favor de la punibilidad o sancionabilidad de la inteligencia artificial[246].

dd) Por último, mirando a la *doctrina* —que hace tiempo que ha dejado de dirigir esta evolución, posiblemente ni siquiera la acompaña, sino más bien la sigue y la justifica en gran medida—, creo detectar un cierto *cansancio en la teorización y sobre todo en la crítica*. La teoría y la crítica apenas reciben atención —ni siquiera contra-crítica—, sino silencio[247]; y si se teoriza, se hace de la forma menos crítica posible. La desconfianza liberal hacia el le-

---

tado por el anterior Gobierno federal en junio de 2020, disponible en el sitio web del Ministerio Federal de Justicia (bmj.de).

246. GLESS/WEIGEND, «Intelligente Agenten und das Strafrecht», *Zeitschrift für die gesamte Strafrechtswissenschaft*, (126), 2014, pp. 566 ss.; HILGENDORF, «Können Roboter schuldhaft handeln?», en BECK (ed.), *Jenseits von Mensch und Maschine*, 2012, pp. 119 ss. (en particular, 128 ss.); SIMMLER/MARKWALDER, «Roboter in der Verantwortung?», *Zeitschrift für die gesamte Strafrechtswissenschaft*, (129), 2017, pp. 41 ss., GAEDE, *Künstliche Intelligenz – Rechte und Strafen für Roboter?*, 2019, en particular, pp. 64 s.; sobre el punto de vista que aquí se sostiene, con ulteriores referencias, ROXIN/GRECO, *AT*, t. I, 2020, 5ª ed., § 8 nm. 66 s.; véase también, GRECO, «Richterliche Macht ohne richterliche Verantwortung. Warum es den Roboter-Richter nicht geben darf», *Rechtswissenschaft*, (11), 2020, pp. 55 ss.

247. Y los que tienen la suerte de que se les presta atención o se les critica, o bien no reaccionan en absoluto, o bien responden afirmando que se les ha malinterpretado en sus fundamentos, de modo que una réplica sería, en sí, superflua (así de hecho FREUND/ROSTALSKI, «Lost in translation? Replik auf die Kommentare von Kindhäuser und Renzikowski», *Goltdammer's Archiv für Strafrecht*, 2022, p. 583).

gislador se descarta como prejuicio preconstitucional y pre-democrático[248]. Las discusiones que mueven a toda la academia, después del Derecho penal del enemigo (más arriba II.3. d] aa] [1]), no son teorías sino reseñas críticas a disertaciones de doctorado[249]. Menciono también el deba-

---

248. Por último, BRUNHÖBER, «Grundrechtliche Sonderstellung des Strafrechts?», en BÄCKER/BURCHARD (eds.), *Strafverfassungsrecht*, 2022, pp. 56 s.

249. Lo empezó KUHLEN, «Die Auslandsbestechung und die deutsche Strafrechtswissenschaft – eine Rezension zu Cornelia Spörl, Das Verbot der Auslandsbestechung 2019», *Zeitschrift für Internationale Strafrechtsdogmatik*, (7/8), 2020, pp. 327 ss. (con reacciones de ROTSCH, «Vom schwierigen Zustand des deutschen Strafrechts», *Zeitschrift für Internationale Strafrechtsdogmatik*, (10), 2020, pp. 471 ss; AMBOS, «Zukunft der deutschen Strafrechtswissenschaft?», *Zeitschrift für Internationale Strafrechtsdogmatik*, (10), 2020, pp. 452 ss.; GRECO, «Von Wetterzeichen und Kristallkugeln. Anmerkungen zur (nicht nur geistigen) Situation der deutschen (Straf-)Rechtswissenschaft anlässlich einer Rezension», *Zeitschrift für Internationale Strafrechtsdogmatik*, (10), 2020, pp. 463 ss.; HÖRNLE, «Plädoyer für einen behutsamen Umgang mit Kristallkugeln», *Zeitschrift für Internationale Strafrechtsdogmatik*, (10), 2020, pp. 468 ss.; ROTSCH, «Vom schwierigen Zustand des deutschen Strafrechts», *Zeitschrift für Internationale Strafrechtsdogmatik*, (10), 2020, pp. 471 ss.; SCHÜNEMANN, «Der Kampf ums Strafrecht, um dessen Wissenschaft, und seine jüngste Zuspitzung im „Doktorgate" Überlegungen anlässlich des Rezensionsaufsatzes von Kuhlen, ZIS 2020, 327», *Zeitschrift für Internationale Strafrechtsdogmatik*, (10), 2020, pp. 479 ss.); la segunda ronda la inició STUCKENBERG, «Buchrezension zu Rostalski, Der Tatbegriff im Strafverfahren», *Zeitschrift für Internationale Strafrechtsdogmatik*, (4) 2021, pp. 279 ss. (reacciones: DUTTGE, «Wissenschaft oder Heuchelei? – eine Antwort auf Hoven, KriPoZ 3/2021, 182 –», *Kriminalpolitische Zeitschrift*, (5), 2021, pp. 311 ss.; GÄRDITZ, «Strafrechtslehre als Wissenschaft? Betrachtungen aus der Perspektive des Wissenschaftsrechts», *Zeitschrift für Internationale Strafrechtsdogmatik*, (7/8), pp. 413 ss.; HÖRNLE, «Gute wissenschaftliche Praxis bei Rezensionen», *Neue Juristische Wochenschrift*, 2021, pp. 1933 ss.; HOVEN, «Lauter Verrisse», *Kriminalpolitische Zeitschrift*, (3), 2021, pp. 182 ss.; PUPPE, «Über den

te público sobre el «caso Luise», una niña de 12 años ase-
sinada por sus amigos de 12 y 13 años: Aquí, no desde la
política, sino desde la ciencia, han surgido voces en el sentido de rebajar la edad de responsabilidad penal[250], cuyas
ansias de castigo —en una reveladora inversión de los pa-
peles convencionales— ha sido frenada por el Ministro de
Justicia[251].

Dos de los desarrollos teóricos más importantes de los
últimos tiempos —por muy estimulantes que sean— ilus-
tran esta apreciación: uno es fungibilista, el otro singularista.

(1) De forma fungibilista argumenta PAWLIK, para quien
la pena encarna el deber del ciudadano de colaborar en el
mantenimiento de un estado de juricidad [*Rechtlichkeit*]
institucionalizada[252]; la pena es así para él una «especie de

---

rechtswissenschaftlichen Diskurs. Oder: Was darf und was soll ein
Rezensent?», *Zeitschrift für Internationale Strafrechtsdogmatik*, (6), 2021,
pp. 348 ss.; WEIGEND, «Diskurs statt Diffamierung. Über die Funktion
von Buchrezensionen», *Kriminalpolitische Zeitschrift*, (3), 2021, pp. 185
ss. Otra posible ronda en formación? (SPILGIES, «Rezension von Schrader, Über Schuld und Durchschnittsmenschen – auch ein Beitrag zum
Verbandsstrafrecht, 2021», *Zeitschrift für Internationale Strafrechtswissenschaft*, 2023, (1), pp. 52 ss.; reacción de STERBERG-LIEBEN, «Rezension
von Schrader, Über Schuld und Durchschnittsmenschen – auch ein Beitrag zum Verbandsstrafrecht, 2021», *Zeitschrift für Internationale Strafrechtswissenschaft*, 2023, (1), pp. 62 ss.).
250.   HOVEN, «Auf schwere Straftaten muss der Staat auch jungen Tä-
tern eine klare Antwort geben», *Welt Online*, de fecha 15 de marzo de
2023.
251.   Véase: «Justizminister Buschmann spricht sich gegen Herabset-
zung der Strafmündigkeit aus», *Spiegel Online*, de 18 de marzo de 2023.
252.   Véase en particular, PAWLIK, *Das Unrecht des Bürgers. Grundlinien einer Allgemeinen Verbrechenslehre*, 2012, pp. 82 ss.; además, EL
MISMO, *Person, Subjekt, Bürger. Zur Legitimation von Strafe*, 2004; EL
MISMO, «Kritik präventionstheoretischer Strafbegründungen», en ROGALL

deber tributario [*Steuerpflicht*] ampliado»[253]. Su discípulo KUBICIEL, que ha adoptado en gran medida estos presupuestos sobre la teoría de la pena[254], también muestra claramente a dónde conducen: a una ciencia cuya tarea es desarrollar «concepciones de la teoría del delito» que «reflejen adecuadamente la configuración de la sociedad y de su derecho»[255], y que, en última instancia, se centre en la proporcionalidad para el examen de las decisiones de criminalización por parte del poder legislativo[256]. Aunque KUBICIEL promete enriquecer este examen con criterios

---

et al. (eds.), *Festschrift für Hans-Joachim Rudolphi zum 70. Geburtstag*, 2004, pp. 213 ss.; EL MISMO, «Strafe oder Gefahrenbekämpfung?», en HOYER *et al.* (eds.), *Festschrift für Friedrich-Christian Schroeder zum 70. Geburtstag*, 2006, pp. 357 ss.; EL MISMO, «„Der Täter ist um der Gemeinschaft willen verpflichtet, die Strafe auf sich zu nehmen". Überlegungen zur Strafbegründung im Anschluss an Claus Roxin», *Goltdammer's Archiv für Strafrecht*, 2006, pp. 344 ss.; EL MISMO, «Staatlicher Strafanspruch und Strafzwecke», en SCHUMANN (ed.), *Das strafende Gesetz im sozialen Rechtsstaat*, 2010, pp. 59 ss.; en su conjunto, con ulteriores referencias, GRECO, «Strafe als Bürgerpflicht? Reflexionen zur Straftheorie von Michael Pawlik», en HILGENDORF *et al.* (eds.), *Festschrift für Marcelo Sancinetti zum 70. Geburtstag*, 2020, pp. 105 ss.

253. PAWLIK en STARCK, «Diskussion zum Vortrag von Michael Pawlik», en SCHUMANN (ed.), *Das strafende Gesetz im sozialen Rechtsstaat*, 2010, p. 103.

254. KUBICIEL, *Die Wissenschaft vom Besonderen Teil des Strafrechts*, 2013, pp. 164 ss.; EL MISMO, «Freiheit, Institutionen, abstrakte Gefährdungsdelikte», en JAHN *et al.* (eds.), *Strafverfolgung in Wirtschaftsstrafsachen*, 2015, pp. 168 ss.; véase también KUBICIEL/WEIGEND, «Maßstäbe wissenschaftlicher Strafgesetzgebungskritik», *Kriminalpolitische Zeitschrift*, (1), 2019, pp. 35 ss.

255. KUBICEL, «Entgrenzungen des Strafrechts», *Zeitschrift für die gesamte Strafrechtswissenschaft*, (131), 2019, p. 1125; tambien, EL MISMO, «Kriminalpolitik und Strafrechtswissenschaft», *JuristenZeitung*, 2018, pp. 176 ss.

256. KUBICIEL/WEIGEND, *KriPoZ*, (1), 2019, pp. 37 s., 40.

jurídico-penales específicos[257], apenas puede ofrecerse nada tangible al respecto si se afirma explícita y enfáticamente el derecho del legislador a criminalizar los comportamientos imorales, como una forma de protección de instituciones sociales[258/259]. KUBICIEL plantea incluso abiertamente la disyuntiva de si la dogmática penal quiere criticar la legislación o asesorarla, y advierte contra la «permanente crítica fundamental», que corre el riesgo de degenerar en un «acto de "protesta estéril"»[260], como si se pudiera separar el asesoramiento científico (y no meramente técnico) de la crítica científica.

(2) De forma singularista, por regla general expresivista (ap. IV.2), argumentan quienes consideran cada vez más la peculiaridad de la pena como la encarnación del *derecho de la víctima a una rehabilitación* [*Rehabiliterung*][261].

---

257. Véase KUBICEL, *JZ*, 2018, p. 174, donde se critica la «cuasi inexistente comprensión de las particularidades del Derecho penal en una parte de la ciencia», de forma coincidente a lo que aquí se defiende; KUBICIEL/WEIGEND, *KriPoZ*, (1), 2019, p. 40.

258. KUBICIEL/WEIGEND, *KriPoZ*, (1), 2019, p. 36; sobre la protección de las instituciones, que él considera como protección de la libertad, también KUBICIEL en JAHN *et al.* (eds.), *Strafverfolgung in Wirtschafts-strafsachen*, 2015, pp. 168 ss.; EL MISMO, *JZ*, 2018, pp. 176 ss.; EL MISMO, Die Strafrechtswissenschaft als kritische Wissenschaft», en BARTON *et al.* (eds.), *Festschrift für Thomas Fischer*, 2018, pp. 151 ss.

259. Sobre la prohibición del incesto, KUBICIEL, «Das deutsche Inzestverbot vor den Schranken des EGMR», *Zeitschrift für Internationale Strafrechts-dogmatik*, 2012, pp. 282 ss.: protección de la institución familia.

260. KUBICEL, *JZ*, 2018, pp. 177 s.; véase también, EL MISMO, en BARTON *et al.* (eds.), *Festschrift für Thomas Fischer*, 2018, pp. 150 s. («alienación entre la ciencia y la política», la ciencia actúa «de espaldas a la realidad»).

261. Fundamental, REEMTSMA, *Das Recht des Opfers auf die Bestrafung des Täters – als Problem*, 1999, pp. 26 s.; HASSEMER/REEMTSMA, *Verbrechensopfer, Gesetz und Gerechtigkeit*, 2002, pp. 130 ss.; importante a

No puedo criticar aquí en detalle este punto de vista[262]. En esta ocasión, me limitaré a señalar que este enfoque conlleva el peligro de que cada concesión que favorezca al delincuente se vea como una supresión de derechos de la víctima, convirtiéndose en un instrumento para justificar la política represiva de la justicia penal[263]. En el fondo, conduce a un Derecho penal distinto —en el que las víctimas disponen a su antojo de la persecución penal y, sobre todo, los jueces actúan con la conciencia más tranquila— sin embargo, no a un Derecho penal mejor.

---

continuación, HÖRNLE, «Die Rolle des Opfers in der Straftheorie und im materiellen Strafrecht», *JuristenZeitung*, 2006, pp. 955 ss.; LA MISMA, *Straftheorien*, 2ª ed., 2017, pp. 38 ss.; LA MISMA, «Zweck und Rechtfertigung staatlicher Strafe», en SALIGER *et al.* (eds.), *Rechtsstaatliches Strafrecht: Festschrift für Ulfrid Neumann zum 70. Geburtstag*, 2017, pp. 598 ss.; LA MISMA, «Straftheorien», en HILGENDORF *et al.* (eds.), *Handbuch des Strafrechts*, v. I, 2019, § 12 nm. 37 ss.; referencias también de otros autores en mis obras citadas en la nota siguiente.

262. ROXIN/GRECO, *AT*, t. I, 2020, 5ª ed., § 3 nm. 36i ss.; y sobre todo, GRECO, «Strafjurist mit gutem Gewissen – Kritik der opferorientierten Straftheorie», *Goltdammer's Archiv für Strafrecht*, 2020, pp. 258 ss.

263. Por ejemplo, la desvalorización progresiva de la prescripción (HÖRNLE, «Verfolgungsverjährung: Keine Selbstverständlichkeit», en FAHL *et al.* [eds.], *Festschrift für Werner Beulke zum 70. Geburtstag*, 2015, pp. 115 ss.), también recientemente con la posibilidad de una revisión después de recaer sentencia absolutoria *propter nova*, es decir, en caso de aparición de nuevos hechos o medios de prueba (§ 362 Nr. 5 StPO) a través de la Ley de 21 de diciembre de 2021, BGBl. I p. 5252; para un intento de justificación, HOVEN, «Die Erweiterung der Wiederaufnahme zuungunsten des Freigesprochenen – eine Kritik der Kritik», *JuristenZeitung*, 2021, p. 1158; HÖRNLE, «Die subjektiven Rechte der Angehörigen von Mordopfern – und ihre Relevanz für die Wiederaufnahme nach § 362 Nr. 5 StPO», *Goltdammer's Archiv für Strafrecht*, 2022, pp. 184 ss. Sobre la ilegitimidad de la revisión *propter nova* en perjuicio del absuelto, GRECO, *Strafprozesstheorie und materielle Rechtskraft*, 2015, pp. 956 ss.

III.

Conclusiones provisionales. Transición a una reflexión posterior

La presentación de los últimos avances a partir de los dos conceptos aquí introducidos conduce a varias conclusiones que merece la pena destacar. Ante todo, queda claro que ni el punto de vista puramente singularista ni el puramente fungibilista son convincentes.

Aunque los conceptos fungibilistas han dominado claramente desde la lucha de escuelas, el singularismo puro no puede ser un camino preferible. El singularismo clásico, orientado a la autoridad, lleva a un Derecho penal duro e inflexible; el singularismo moralizante del P 1962 lleva a un Derecho penal moralizante; el singularismo más reciente, orientado a la víctima, conduce a un Derecho penal distinto, pero que no es en absoluto mejor.

El fungibilismo se extralimita porque entiende la pena como una medida como cualquier otra. El fungibilismo que lucha contra la peligrosidad, propio de la Escuela Moderna, hace de la pena una medida policial en principio ilimitada; los fungibilismos posteriores, desde la modernización a la constitucionalización orientada a la proporcionalidad, pasando por la europeización, amplían el Derecho penal tanto en el tiempo (adelantamiento) como en el contenido (moralización), a la vez que lo flexibilizan y lo entregan al arbitrio de los órganos de persecución. El fungibilismo propone buscar alternativas a la pena, pero al mismo tiempo permite utilizar la pena para luchar contra el enemigo o contra personas jurídicas o incluso robots.

La retrospectiva histórica es el argumento más obvio y en sí mismo el más convincente, aunque sea meramente inductivo, para sostener que no hay alternativa a una síntesis. Sin embargo, tal síntesis solo tendrá éxito bajo dos condiciones. La primera es que se ofrezca un argumento deductivo adicional que logre rastrear la conclusión obtenida de forma histórico-inductiva hasta su fundamento real, de modo que se pueda estar seguro de haber llegado a una verdadera síntesis y no haberse contentado con un cómodo sincretismo (ap. IV.1.). La segunda, como también sugiere la retrospección histórica, es que se pueda lograr una elaboración precisa de lo singular de la pena. Los enfoques sintetizadores desarrollados hasta ahora —en especial el del PA, así como los de ROXIN y HASSEMER— son, en este sentido, inestables, ya que no responden adecuadamente a la pregunta de qué es, en realidad, lo específico de la pena (IV.2-3.).

IV.

PROPUESTA DE UNA SÍNTESIS. LO ESPECÍFICO DE LA PENA

1. SOBRE LA NECESIDAD DE UNA SÍNTESIS: SOCIEDAD E INDIVIDUO COMO DESTINATARIOS DE LA JUSTIFICACIÓN DE LA PENA

a) La necesidad de una síntesis parece demostrada por los errores de los enfoques unilaterales históricamente considerados. Ahora se trata de corroborar deductivamente esta impresión obtenida inductivamente. Toda síntesis es inicialmente sospechosa de ser un sincretismo intelectualmente confortable[264]; eliminar esta sospecha no es una mera preocupación estética[265], sino un signo de que se ha profundizado en la estructura interna del objeto investigado.

---

264. Así, ZACZYK, «Die Bedeutung der Strafbegründung für den Strafvollzug», en Schneider *et al.* (eds.), *Festschrift für Manfred Seebode zum 70. Geburtstag*, 2008, p. 592; contra la teoría dialéctica de la unión de ROXIN, PAWLIK, *Das Unrecht des Bürgers*, 2012, p. 51.
265. Así, claramente en GRECO, *Lebendiges und Totes in Feuerbachs Straftheorie*, 2009, p. 252; esto no significa que queramos distanciarnos de las teorías complejas (rotundamente a favor de la complejidad GRECO, *Strafprozesstheorie und materielle Rechtskraft*, 2015, pp. 320 s.), sino solo de la complejidad descoordinada.

El punto de partida de estas consideraciones deberían ser *algunos hechos evidentes* que me gustaría enumerar. La reflexión sobre la pena solo existe sobre el trasfondo de que la pena no es algo bueno, sino más bien un *mal*, cuya imposición requiere, por tanto, una *justificación*. En contextos teóricos donde la cuestión principal es la verdad y la falsedad de una afirmación sobre el estado del mundo, las justificaciones *sub specie aeternitatis*, es decir, desde una perspectiva objetiva o *view from nowhere*, pueden ser deseables[266]. Pero la pena es una acción; quien la justifica no quiere simplemente afirmar algo verdadero sobre el estado del mundo, sino defender una acción como legítima o ilegítima, correcta o incorrecta. Si la justificación teórica puede tener lugar desde una perspectiva objetiva, la *justificación práctica es siempre justificación frente a un destinatario*. Por tanto, las justificaciones prácticas deben adoptar la *perspectiva de la segunda persona*[267].

b) La pregunta, entonces, es quién es esa segunda persona (o quiénes son esas segundas personas) ante la cual (o ante las cuales) debe justificarse la pena. Si la pena es un mal, en el cual radica la necesidad de justificación, entonces la pena debe justificarse ante aquellos contra quienes se dirige el mal de la pena. Estos son, en primer lugar, los *penados*, y luego también la *sociedad*. Para la *víctima*, la pena no es un mal; ya por esta razón, no es aceptable elevarla a destinataria de la justificación de la pena (este es el error de construcción de las teorías basadas en la víctima que se trataron anteriormente en II.4.d] dd] [2]).

---

266. Según la conocida expresión de NAGEL, *The View from Nowhere*, 1989.

267. Según una expresión de DARWALL, *The Second-Person Standpoint*, 2006 (dejo abierto si el autor consideraría un colectivo como una segunda persona).

c) La estructura de la justificación frente a los respectivos destinatarios debe examinarse con más detalle. Empezamos por la sociedad porque aquí hay menos problemas.

aa) *Para la sociedad*, la pena encarna un mal en varios aspectos que, no sin dificultades, pueden sin duda reducirse a un denominador común. La pena tiene sus *costes*[268]: en primer lugar, el funcionamiento de un sistema de enjuiciamiento penal y de justicia penal —desde la policía y los tribunales hasta las instituciones penitenciarias— cuesta *dinero*. También cuesta *libertad*, y esto no solo cuando se lleva a cabo, sino ya en el momento de la conminación penal. Probablemente podrían identificarse otros costes, pero nos ceñiremos a estas dos dimensiones ejemplares y más evidentes. Sin embargo, es importante señalar en qué aspectos la pena no es un mal para la sociedad: aunque le cuesta libertad, para la sociedad *no es una coacción*, sino *una decisión voluntaria*.

En la medida en que la pena le cuesta mucho a la sociedad, la persona que quiere justificar la pena ante la sociedad debe argumentar por qué hay que incurrir en esos costes. ¿Por qué prisiones y no escuelas u hospitales? Puesto que la pregunta es sobre costes, es obvio responderla con un *beneficio*. La pena cuesta, pero se justifica en la medida en que compensa. Por lo tanto, *debido al bien* que se espera conseguir con la pena, la sociedad debería optar por este mal.

Esto revela dos cosas. En primer lugar, que las justificaciones frente a la sociedad tienen una *estructura consecuencialista*[269]. Legitiman la pena a partir del beneficio o

---

268.   Véase también Ferrajoli, *Diritto e ragione*, 1989, pp. 193 ss.

269.   Sobre la definición de consecuencialismo, Shaw, «The Consequentialist Perspective», en Dreier (ed.), *Contemporary Debates in Moral Theory*, 2006, p. 5; más sobre la discusión con ulteriores referencias,

el bien que se pretende conseguir con dicho mal costoso. Además, estas justificaciones son *fungibilistas*: Solo tiene sentido utilizar un mal costoso en la medida en que no se disponga de un medio comparable que implique menos costes. Hay muchas cosas que cuestan dinero y libertad pero que no son penas. El lenguaje de los costes es nivelador-fungibilizador; no es otra cosa que una *moneda común* que puede utilizarse para determinar el *precio* de la pena, el cual no debe ser demasiado costoso.

El consecuencialismo puede permitirse en este contexto por dos razones. En primer lugar, porque perdedores y ganadores son idénticos; la sociedad sufre pérdidas con la pena, pero también es la que espera ganar con ella. En este sentido, *no hay instrumentalización*. En segundo lugar, y sobre todo, porque la sociedad es la que en última instancia decide libremente a favor de la pena; no se le impone la búsqueda de su propio bien. En este sentido, *tampoco hay paternalización*.

bb) En el caso del *individuo* que debe ser castigado, es decir, el que siente el mal de la pena en su propia persona, la descripción precisa del mal resulta algo más difícil; no podemos evitar una reflexión detallada (ap. IV.2-3.). En este punto, solo cabe una primera aproximación, destacando un aspecto que diferencia completamente la situación del individuo de la de la sociedad: mientras que la sociedad puede decidir libremente a favor la pena, la pena para el individuo es ante todo *coacción* [*Zwang*].

Esto también deja claras dos cosas. En primer lugar, que *las justificaciones consecuencialistas aquí están fuera de lugar*. Las dos consideraciones que hicieron que las justi-

---

GRECO, *Lebendiges und Totes in Feuerbachs Straftheorie*, 2009, p. 120 nota 62.

ficaciones consecuencialistas fueran aceptables para la sociedad en primer lugar no se aplican aquí: a primera vista, ganadores y perdedores no son el mismo sujeto. En este contexto, se sospecha que las justificaciones consecuencialistas *instrumentalizan* al individuo. Si quieren evitar esta sospecha identificando al individuo como ganador, entonces le imponen ganancias que podría haber preferido rechazar. La pena es coacción para el individuo; por ello, la pena no puede justificarse ante el individuo con referencia a su propio bien porque esto es *propio del paternalismo.*

En segundo lugar, también *tendremos que dar la espalda al fungibilismo* cuando se trate del individuo. Una justificación de la pena que se tome en serio al individuo, es decir, que no instrumentalice ni sea paternalista, debe partir de la constatación de que la pena es algo especial. Aun cuando todavía no hayamos definido con precisión esta característica especial de la pena, se puede decir que la coacción no puede funcionar como moneda o precio común, como si todas las coacciones fueran lo mismo, sin que ello sea instrumentalizador (según el lema: «debes sufrir coacción por mi parte para que B, C, D no tengan que sufrir coacción») o paternalizador («te inflijo coacción, pero al mismo tiempo te libero de otras coacciones»). Una reflexión que tome en serio al individuo refleja la naturaleza específica de cualquier coacción que se le inflija. En este sentido, el *singularismo de la pena* es un *caso especial de un singularismo de la coacción*, por paradójico que pueda parecer (véase IV.4.d] más adelante).

d) De lo dicho no solo se desprende el lugar correcto del fungibilismo y del singularismo, sino que también se da una explicación a los errores identificados en el repaso histórico. Son intentos de recurrir al singularismo y al fungibilismo donde no cabe hacerlo. Los clásicos y el movimiento en torno al P 1962 *invocan el singularismo frente al Estado,* con el resultado de que lo glorifican. Los modernos *también fungibilizan al individuo,* instrumentalizándolo (con la inocuización) o paternalizándolo (con la corrección); e instrumentalizar es también lo que hace la modernización institucionalista *à* la TIEDEMANN, así como el funcionalismo normativista jakobsiano, la constitucionalización orientada a la proporcionalidad (que habla de «intervenciones» de forma niveladora) y la europeización. Los fungibilismos no consecuencialistas de estructura idealista (relación de reconocimiento) también resultan niveladores.

2. LO ESPECÍFICO DE LA PENA (I): LA PENA COMO REPROCHE (*VORWURF*) O CENSURA (*TADEL*)

Fungibilismo frente a la sociedad, singularismo frente al individuo; quienquiera que formule este programa para la justificación del Derecho penal todavía tiene que abordar la cuestión de qué se supone que es lo especial en la pena, su singularidad. A la vista de la narrativa trazada anteriormente, no es de extrañar que cada vez haya más intentos de identificar una característica específica de la pena[270]. Ahora debemos examinar más detenidamente estos intentos.

---

270. Hago mención solamente a KASPAR, «Schuldstrafrecht oder Präventionsstrafrecht», en BRUNHÖBER (ed.), *Strafrecht im Präventionsstaat,* 2014, pp. 75 s.; remarcan la particularidad cualitativa de la consecuencia jurídica pena, LÜDERSSEN, en PRITTWITZ (ed.), *Rationalität und Empathie,* 2014, pp. 214 ss.; HUSAK, «The Criminal Law as Last Resort», *Oxford Journal of Legal Studies,* (24), 2004, pp. 211, 232 s.; (sobre la base de una teoría expresivista de la pena).

a) La exposición de la jurisprudencia constitucional realizada anteriormente (II.4.a) fue probablemente parcial. No se hizo mención al hecho de que en otros contextos, es decir, más allá de las cuestiones sobre la criminalización, esta jurisprudencia presentó un concepto especial de pena. Un hito importante fue la decisión de 1967 sobre la potestad sancionadora de las autoridades tributarias [*Finanzbehörden*]: se permitia a estos órganos ejecutivos imponer una pena [*Strafe*] mediante un acto administrativo (la denominada resolución penal [*Strafbescheid*]), contra el que cabía emprender acciones judiciales[271]. El BVerfG[272] aclaró que toda imposición de penas [*Strafen*] era materialmente «jurisdicción [*Rechtsprechung*]» en el sentido del art. 92 de la Ley Fundamental (*Grundgesetz*, en adelante GG) y, por tanto, «confiada a los jueces». Las «características y efectos peculiares de la pena criminal [*Kriminalstrafe*] la distinguen de forma tan clara de la multa no penal [*Buße*] —como reacción estatal a una infracción administrativa [*Ordnungswidrigkeit*]—, que ello justifica la diferente valoración de la penal criminal y la multa»[273]. De ello se deduce: «Según la GG, la imposición de una pena criminal repre-

---

271. Sobre esta discusión, Bühler, «Die eigene Strafgewalt der Verwaltungsbehörden nach deutschem Recht», en Wegner *et al.* (eds.), *Festschrift für Ernst Heinrich Rosenfeld*, 1949, pp. 203 ss. (un resumen instructivo); Haver, «Ist die Strafgewalt des Finanzamts mit dem Grundgesetz und der Menschenrechtskonvention vereinbar?», *Neue Juristische Wochenschrift*, 1957, pp. 88 ss.; Niese, «Das Steuerstrafverfahren»; *Zeitschrift für die gesamte Strafrechtswissenschaft*, (70), 1958, pp. 337 ss.; Habscheid, «Steuerstrafverfahren und Grundgesetz», *Monatsschrift für Deutsches Recht*, 1966, pp. 1 ss.; de forma retrospectiva, Haas, *Strafbegriff, Staatsverständnis und Prozessstruktur*, 2008, pp. 306 ss.
272. BVerfGE 22, 49. Véase antes, BVerfGE 8, 197, 207 f.; 9, 167, 171; y después, BVerfGE 27, 18, 33.
273. BVerfGE 22, 49, 80.

senta una intervención tan grave en la esfera jurídica del ciudadano que solo puede ser llevada a cabo por el juez en cualquier circunstancia»[274].

¿Pero dónde ve el Tribunal las «características y efectos peculiares» de la pena a los que se refiere? En lo *comunicativo*, es decir, en su carácter de reproche: «Solo la pena criminal es verdadera pena [*Strafe*]. Solo esta conlleva un reproche de la culpabilidad. Se inscribe regularmente en el registro de antecedentes penales y se considera una "condena previa". La multa no penal en el procedimiento administrativo sancionador, en cambio, carece de la "seriedad (Ernst) de la pena estatal"»[275]. Numerosas decisiones posteriores han confirmado y profundizado esta línea[276].

bb) También en la literatura más reciente hay un gran número de opiniones en un sentido similar[277], que última-

---

274. BVerfGE 22, 49, 80.
275. BVerfGE 22, 49, 78.
276. Así, BVerfGE 95, 220, 242; 96, 245, 249; 123, 267, 408; véase también BVerfGE 128, 326, 377: «bases de legitimación y finalidades categóricamente distintas de la ejecución de las penas privativas de libertad y de la ejecución de la custodia de seguridad »; 131, 268, 310: «... diferencia categórica entre el cumplimiento de una pena privativa de libertad para compensar la culpabilidad y la orden judicial que decreta la medida de custodia de seguridad basada únicamente en la peligrosidad de la persona de que se trate...».
277. GÜNTHER, K., «Die symbolisch-expressive Bedeutung der Strafe», en PRITTWITZ *et al.* (eds.), *Festschrift für Klaus Lüderssen zum 70. Geburtstag*, 2002, pp. 207, 217 ss.; KÜHL, «Von der gerechten Strafe zum legitimen Bereich des Strafbaren», *Festschrift für Manfred Maiwald zum 75. Geburtstag*, 2010, pp. 441 ss.; FRISCH, «Voraussetzungen und Grenzen staatlichen Strafens», *Neue Zeitschrift für Strafrecht*, 2016, p. 19; PÉREZ-BARBERÁ, «Probleme und Perspektiven der expressiven Straftheorien», *Goltdammer's Archiv für Strafrecht*, 2014, pp. 504 ss.; con ulteriores referencias, GRECO, *Lebendiges und Totes in Feuerbachs Straftheorie*, 2009, pp. 283 s. De la literatura más antigua, JESCHECK, *Das Men-*

mente se han abierto cada vez más a los influjos angloa-
mericanos[278] y que en ocasiones se catalogan como «enfoques expresivistas»[279]: La pena es expresión de *censura*
[*Tadel*]. Algunos llegan a considerar que esto es lo único
inherente a la pena; idealmente se podría prescindir de la
imposición del mal, siendo lo principal la expresión de desaprobación inherente a la declaración de culpabilidad[280].

b) Se pueden plantear varias objeciones en contra, pero
no me gustaría repetirlas todas. Solo retomaré dos argu-
mentos de la crítica anterior[281].

schenbild unserer Zeit und die Strafrechtsreform, 1957, p. 34; EL MISMO,
ZStW, (80), 1968, p. 59; GALLAS, *ZStW*, (80), 1968, p. 3 («merecida respuesta desaprobatoria de la comunidad jurídica»).

278. FEINBERG, *Doing and Deserving*, 1970, pp. 98, 115 ss.; véase también, HIRSCH, *Doing Justice*, 1976, pp. 45 ss.; HÖRNLE/V. HIRSCH, «Positive Generalprävention und Tadel», *Goltdammer's Archiv für Strafrecht*,
1995, pp. 270 ss.; HAMPTON, «The moral education theory of punishment», *Philosophy & Public Affairs*, (13), 1984, pp. 209 ss.: pena como
«comunicación moral» hacia el infractor de la ley y la comunidad.

279. Con ulteriores referencias, ROXIN/GRECO, *AT*, t. I, 2020, 5ª ed., § 3
nm. 36a ss.

280. Sobre todo, GÜNTHER, K., en PRITTWITZ *et al.* (eds.), *Festschrift für
Klaus Lüderssen*, 2002, pp. 205 ss.; véase también, EL MISMO, «Criminal
Law, Crime, and Punishment as Communication», en SIMESTER *et al.* (eds.),
Liberal criminal theory. Essays for Andreas von Hirsch, 2014, pp. 126
ss., detalladamente ABRAHAM, *Sanktion, Norm, Vertrauen*, 2018, pp. 173
ss. Similar LÜDERSSEN, Präventionsorientierte Zurechnung - aktuelle Programme für die Strafverteidigung?», *Strafverteidiger*, (6), 2011, p. 380,
aunque sin la infraestructura expresionista.

281. GRECO, *Lebendiges und Totes in Feuerbachs Straftheorie*, 2009, pp.
298 s., 500 s.; EL MISMO, *Strafprozesstheorie und materielle Rechtskraft*,
2015, pp. 646 ss.; EL MISMO, *GA*, 2015, p. 510 s.; EL MISMO, en KRETSCH-
MER/ZABEL (eds.), *Studien zur Geschichte des Wirtschaftsstrafrechts*, 2018,
pp. 200 s.; ROXIN/GRECO, *AT*, t. I, 2020, 5ª ed., § 3 nm. 36d ss.; además,
SCHÜNEMANN, «Zum Stellenwert der positiven Generalprävention in einer
dualistischen Straftheorie», en EL MISMO *et al.* (eds.), *Positive General-*

aa) La interpretación comunicativa y expresivista de la pena *eleva al juez al pedestal de apóstol moral* que puede y debe formular reproches contra un conciudadano. Esta objeción se hace aún más rotunda cuando uno se da cuenta de lo cerca que están los llamados enfoques comunicativos o expresivistas de hoy en día del «compromiso con el Derecho penal de la culpabilidad» descaradamente moralizante del P 1962, hasta en la elección de las palabras[282]. Esta proximidad no es producto de la casualidad, sino de la intersección de líneas del desarrollo de la historia: la citada decisión del BVerfG se dictó en 1967; ella cita BVerfGE 9, 167, donde se acogieron los postulados de los teóricos singularistas del Derecho penal administrativo mencionados más arriba (ap. III.1), Erik WOLF y Eberhard SCHMIDT (él mismo fue miembro de la Gran Comisión de Derecho Penal). En otras palabras: en el singularismo del BVerfG pervive el mundo intelectual del P 1962 (y en parte también del clasicismo). No es de extrañar, por tanto, que —de forma similar a como el P 1962 ya había derivado la gradación de las penas privativas de libertad de su concepto de pena como reproche— algunos representantes del expresivismo angloamericano hablen en términos de las denominadas «*shaming sanctions*», es decir, penas de picota modernizadas[283]. Esto sería razón suficiente para buscar alternativas.

---

prävention, 1998, pp. 111 s.; SALIGER, «Über das kommunikative Moment in neueren, insbesondere expressiven Straftheorien», en EL MISMO *et al.* (eds.), *Rechtsstaatliches Strafrecht: Festschrift für Ulfrid Neumann zum 70. Geburtstag*, 2017, pp. 696 ss.

282. Véase ya en ROXIN/GRECO, *AT*, t. I, 2020, 5ª ed., § 3 nm. 36g.

283. KAHAN, «What Do Alternative Sanctions Mean», *University of Chicago Law Review*, (63), 1996, pp. 630 ss.; BROOKS (ed.), *Shame Punishment*, 2014; en conjunto, KUBICEL, «Shame Sanctions – Ehrenstrafen im Lichte der Straftheorie», *Zeitschrift für die gesamte Strafrechtswissens-*

bb) Además, la interpretación comunicativa o expresivista de la pena también tiene el efecto de *trivializarla, minimizarla, restarle importancia*[284]. Al sublimar la pena al mundo de la comunicación, se da a entender que lo problemático de la pena no es lo que hace, sino simplemente lo que dice[285]. La pena se desprende de toda referencia a la corporeidad, como si los castigados fueran seres racionales incorpóreos u *homines noumena*. Aunque la amargura, que los autores del PA dan por sentada, no se endulza como en los enfoques orientados a las víctimas, al fin y al cabo se neutraliza, de modo que uno ya no entiende por qué se necesitan principios sólidos de limitación del Derecho penal. Estos principios no son meras reglas de cómo hablar de forma cortés.

3. LO ESPECÍFICO DE LA PENA (II): LA PENA COMO IMPOSICIÓN DE UN MAL

Por tanto, ya no tiene sentido buscar la naturaleza específica de la pena en lo que dice, sino en lo que hace; en otras palabras, volver a la tradición de la pena como imposición de un mal, en la que la pena se definía como «ma-

---

chaft, (118), 2006, pp. 44 ss.; JÜNGEL, *Shame Sanctions – Wiedergeburt der Schandstrafe?*, 2011.

284. GRECO, en KRETSCHMER/ZABEL (eds.), *Studien zur Geschichte des Wirtschaftsstrafrechts*, 2018, pp. 200 s.; EL MISMO, *Strafprozesstheorie und materielle Rechtskraft*, 2015, p. 647; ROXIN/GRECO, *AT*, t. I, 2020, 5ª ed., § 2 nm. 1e.

285. Véase ya GÓMEZ-JARA, «Die Strafe: eine systemtheoretische Beobachtung», *Rechtstheorie*, (36), 2005, p. 333: «tanto una declaración oral o escrita como el cumplimiento de una pena de prisión son comunicación»; esta frase es una *reductio ad absurdum* del concepto comunicativo de pena.

lum passionis propter malum actionis[286] y lo primario se veía en una magnitud perceptible sensorialmente, un «mal sensorial»[287] o «dolor»[288]. Quienes así definen la pena no solo siguen la mejor tradición de nuestra ciencia, sino que evitan los dos errores del enfoque comunicativo o expresivista, es decir, su moralismo y su descorporeización. Sin embargo, sigue existiendo la dificultad de que muchas cosas que no son penas duelen: la prohibición de ejercer un oficio (§ 35 GewO), la inhabilitación para la función pública (§ 10 BDG) o la deportación (§ 58 AufentG); las multas no penales (§ 17 y ss. OWiG), la prisión provisional [*Untersuchungshaft*] (§§ 112 y ss. StPO) y la custodia de seguridad [*Sicherungsverwahrung*] (§§ 66 y ss. StGB). Por lo tanto, se necesita una característica distintiva si no se quiere declarar que todas estas medidas son penas.

a. *Overkill* (Schünemann)

SCHÜNEMANN es de los pocos autores que actualmente piensan en esta dirección, es decir, que buscan una característica específica de la pena y no son partidarios de un concepto orientado a la comunicación[289]. Dicho autor ca-

---

286. Fundamental, GROTIUS, *De jure belli ac pacis, liber II*, 1730 (1625), cap. XX, I. Para más referencias, GRECO, *Lebendiges und Totes in Feuerbachs Straftheorie*, 2009, pp. 281 s.

287. FEUERBACH, *Revision der Grundsätze und Grundbegriffe des positiven peinlichen Rechts*, t. I, 1799, p. 56.

288. KANT, «Die Metaphysik der Sitten», en EL MISMO, *Kants Werke, Akademie Ausgabe*, v. VI, 1968, p. 331.

289. SCHÜNEMANN, «Ein neues Bild des Strafrechtssystems», *Zeitschrift für die gesamte Strafrechtswissenschaft*, (126), 2014, pp. 8 s.; EL MISMO, «Die aktuelle Forderung eines Verbandsstrafrechts – Ein kriminalpolitischer Zombie», *Zeitschrift für Internationale Strafrechtsdogmatik*, 2014, p. 2; EL MISMO, «Über Strafrecht im demokratischen Rechtsstaat, das

racteriza la pena como «*overkill*», porque es «peor que la mera retribución»[290], en la medida en que supera general-mente el mal encarnado en el delito: quien roba un obje-to por valor de 300 euros o secuestra a alguien durante unos días puede ser encarcelado hasta cinco años por ello. De ello, SCHÜNEMANN concluye en particular que cualquier intento de legitimar el castigo con meras consideraciones de proporcionalidad es insuficiente.

A la luz de este concepto, resulta insostenible seguir ha-blando de una sublimación que banalice el fenómeno. Sin embargo, tiene el problema que el *overkill* solo se da «por regla general»[291]. ¿Sigue siendo una pena si a un asesino en masa solo se le condena a prisión (aunque sea de por vida)? Si nos quedamos con la comparación de los bienes, parece haber un «*underkill*», si es que todavía se puede ha-blar de «*kill*».

En efecto, un *overkill* basado en la comparación de bie-nes no resulta convincente. Sin embargo, SCHÜNEMANN da en el blanco con su expresión si se ve en ella una caracte-

---

unverzichtbare Rationalitätsniveau seiner Dogmatik und die vorgeblich progressive Rückschrittspropaganda», *Zeitschrift für Internationale Straf-rechtsdogmatik*, 2016, p. 656; EL MISMO, «Versuch über die Begriffe von Verbrechen und Strafe, Rechtsgut und Deliktsstruktur», en SALIGER *et al.* (eds.), *Rechtsstaatliches Strafrecht: Festschrift für Ulfrid Neumann zum 70. Geburtstag*, 2017, pp. 703 s.; EL MISMO, «Sinn und Zweck der Strafe – eine unendliche Geschichte?», en JOERDEN *et al.* (eds.), *Festschrift für Prof. Dr. Dr. h.c. mult. Keiichi Yamanaka zum 70. Geburtstag*, 2017, p. 507; EL MISMO, Wie Claus Roxin in den 60er Jahren des vorigen Jahrhun-derts die Strafrechtsdogmatik prägte», *Goltdammer's Archiv für Straf-recht*, 2021, pp. 251 s.

290. SCHÜNEMANN, en SALIGER *et al.* (eds.), *Festschrift für Ulfrid Neu-mann*, 2017, p. 703.

291. SCHÜNEMANN, *ZStW*, (126), 2014, p. 9; EL MISMO, en JOERDEN *et al.* (eds.), *Festschrift für Yamanaka*, 2017, p. 507.

rización de la percepción fenomenológica de la pena por parte del afectado. La idea de *overkill* no se refiere a una comparación de los bienes afectados por el delito y la pena, sino a otra circunstancia característica de la pena: el penado siempre siente la *fuerza de toda la sociedad contra él*, la víctima "solo" la del delincuente. La sociedad que castiga es siempre más poderosa que el individuo castigado (en la medida en que existe una punición); lo abruma, lo aísla. Dentro de un momento veremos cómo incorporar este *overkill* a un concepto de pena que refleje su carácter propio.

b. Reacción que afecta al ser humano en cuanto a ser humano (sus derechos innatos)

Lo característico de la pena, en contraste con los enfoques orientados a la comunicación, reside no tanto en lo que dice sino en lo que hace; y lo que hace se llega a comprender a través de *las posiciones o bienes afectados por la pena*, y al mismo tiempo recordando que se trata de *una sanción, es decir, una reacción*[292].

aa) Las posiciones afectadas por la pena son las que una tradición —en parte olvidada, pero de la que quedan res-

---

292. Sobre lo que sigue, GRECO, *Strafprozesstheorie und materielle Rechtskraft*, 2015, pp. 653 ss., 659; EL MISMO, *GA*, 2015, pp. 511 ss.; EL MISMO, en KRETSCHMER/ZABEL (eds.), *Studien zur Geschichte des Wirtschaftsstrafrechts*, 2018, p. 201; ROXIN/GRECO, *AT*, t. I, 2020, 5ª ed., § 2 nm. 1f ss.; véase además, GRECO, «Der Anteil der Gesellschaft. Eine Theorie des rechtfertigenden Notstands», *Zeitschrift für die gesamte Strafrechtswissenschaft*, (134), 2022, p. 47 nota 235. Retomando las consideraciones y llevándolas más lejos, SCHÜNEMANN, en SALIGER *et al.* (eds.), *Festschrift für Ulfrid Neumann*, 2017, p. 703; LEITE, *Notstand und Strafe*, 2019, pp. 193 ss.; MONTENEGRO, *Die Schuld des Menschen*, 2023, pp. 181 ss.

tos en el derecho positivo (art. 2 II GG: «derecho a la vida y a la integridad física», «libertad de la persona»; § 35 StGB: «vida, integridad física o libertad»)[293]— denomina *derechos innatos*, como término opuesto a los llamados «derechos adquiridos» (paradigmático: propiedad). Los derechos innatos son aquellos a los de que todo ser humano es portador «en virtud de su humanidad»[294]. El principal derecho innato que aún hoy se ve afectado por la pena es la libertad ambulatoria.

Por ello, la sanción de multa no penal [*Geldbuße*], independientemente de su importe, no es una pena y no tiene que ser impuesta por un juez. En cambio, la pena de multa [*Geldstrafe*] es una pena porque puede convertirse en una pena privativa de libertad (§ 43 StGB)[295]. La multa no penal afecta al infractor en lo que tiene (como titular de un patrimonio); la pena de multa le afecta en lo que es (como ser libre).

---

293. Otros vestigios del derecho positivo se enumeran en GRECO, *ZStW*, (134), 2022, pp. 47 s.

294. KANT, *Kants Werke, Akademie Ausgabe*, v. VI, 1968, p. 237 (cita); véase también §§ 82, 83, 84 de la introducción a Ley General del territorio prusiano de 1794 (*Einleitung zum Preußischen Allgemeinen Landrecht*, EALR); WOLFF, C., *Jus Naturae Methodo Scientifica Pertractatum, Pars Septima*, 1747; §§ 26 ss. (*«Jus connatum»*), § 31 (*«Jus connatum omnium hominum idem est»*); PÜTTER, *Beyträge zum Teutschen Staats- und Fürsten-Rechte*, 1777, pp. 351 ss. («libertad natural»); BAUER, *Lehrbuch des Naturrechts*, 3ª ed., 1825, § 55; V. GROS, *Lehrbuch der philosophischen Rechtswissenschaft oder des Naturrechts*, 6ª ed., 1841, § 79; sobre la teoría de los derechos innatos, véase tambien, con ulteriores referencias, GIERKE, *Johannes Althusius und die Entwicklung der naturrechtlichen Staatstheorie*, 7ª ed., 1981, pp. 113 ss.; MEYER, G., *Der Staat und die erworbenen Rechte*, 1895, p. 7; STÖDTER, *Öffentlichrechtliche Entschädigung*, 1933, pp. 55 s.

295. GRECO, *Strafprozesstheorie und materielle Rechtskraft*, 2015, pp. 665 ss.; ROXIN/GRECO, *AT*, t. I, 2020, 5ª ed., § 2 nm. 1g.

bb) Sin embargo, tanto la prisión provisional como la custodia de seguridad afectan al derecho innato a la libertad personal. Ahora bien, no se trata de penas[296]. La razón de ello es que la pena no se agota en lo físico ni en la imposición de un mal. Un componente ideal —si se quiere— comunicativo, sigue siendo necesario[297]. La pena es siempre una *reacción* o una *sanción* a un comportamiento defectuoso (*«propter»*). En este sentido, tiene un «elemento retrospectivo»[298]: se impone temporalmente *después* de la conducta que le sirve de fundamento jurídico (mientras que las medidas que neutralizan el peligro son coetáneas a su fundamento jurídico, en este sentido son solo consecuencias jurídicas, pero no son ni una reacción ni una sanción). Además, ya se hace referencia a este fundamento jurídico *en su lógica conceptual*: A uno no se le castiga simplemente (en todo caso se le maltrata); siempre se le castiga *por* algo.

cc) En el contexto del Derecho penal, tradicionalmente solo se habla de penas *estatales*; pero desde el momento en que existe un Derecho penal internacional, también hay

---

296. Más en detalle, incluso con las restricciones necesarias, GRECO, *Strafprozesstheorie und materielle Rechtskraft*, 2015, pp. 663 ss., 691 ss.
297. Véase GRECO, *Lebendiges und Totes in Feuerbachs Straftheorie*, 2009, pp. 298 s.; por último, ROXIN/GRECO, *AT*, t. I, 2020, 5ª ed., § 2 nm. 1f. Eso sí, lo comunicativo solo juega un papel «declarativo» y no «constitutivo» en este concepto; solo repite lo que ya está implícito con la imposición del mal, en relación con un comportamiento (en el mismo sentido, SCHÜNEMANN, en EL MISMO *et al.* (eds.), *Positive Generalprävention*, 1998, p. 113, utilizando el contraste entre objeto y metalenguaje; también NOLL, «Strafrecht im Übergang. Bemerkungen zu dem Lehrbuch des Strafrechts, AT, von Jescheck», *Goltdammer's Archiv für Strafrecht*, 1970, pp. 176 ss.
298. Correctamente, HÖRNLE, en HILGENDORF *et al.* (eds.), *Handbuch des Strafrechts*, v. I, 2019, § 12 nm. 21.

que dar cabida a una «pena sin soberano»[299] o a penas de *entidades similares al Estado*. Esta referencia al Estado o similares es el lugar para el *overkill* elaborado por SCHÜ-NEMANN: en este contexto, es decir, cuando se trata de entidades que detentan el monopolio de la violencia y (a diferencia de la banda de ladrones agustiniana[300]) reivindican una pretensión de legitimidad[301], la privación de un derecho innato como reacción a un comportamiento defectuoso es siempre, al mismo tiempo, un *overkill* en el sentido descrito anteriormente.

dd) Por lo tanto, propongo definir la pena como la privación por parte del Estado (o de una entidad similar al Estado) de un derecho innato —en la actualidad, principalmente la libertad ambulatoria— como reacción a un comportamiento defectuoso.

4. CONSECUENCIAS

Esta definición pretende captar la naturaleza específica de la pena, su «amargura» intrínseca, y por tanto servirá de pauta para adoptar una postura sobre el debate fundamental esbozado anteriormente.

a) Ante todo, esto tiene consecuencias sobre la forma, el método y, sobre todo, la actitud con que debe pensarse la pena y el Derecho penal en primer lugar. El castigo es un mal que hay que tomarse en serio; afecta al núcleo de

---

299. Véase GLESS, «Strafe ohne Souverän?», *Schweizerische Zeitschrift für Strafrecht*, 2007, pp. 24 ss.

300. AUGUSTINUS, *Vom Gottesstaat*, v. I y II, 1955, Libro 4ª, capítulo 4 (p. 213).

301. Con el concepto de «entidad cuasi-estatal», GRECO, *Strafprozesstheorie und materielle Rechtskraft*, 2015, p. 645.

lo que somos como sujetos de Derecho. Cada decisión de un legislador, juez o científico a favor de la pena es, por tanto, una *decisión fundamental contra un ser humano en su humanidad.* Por lo tanto, no hay forma de evitar la mala conciencia del penalista: «Porque un buen jurista solo puede llegar a serlo si es un jurista con mala conciencia»[302] —esta sabia frase de RADBRUCH se aplica aún más al Derecho penal[303].

Nosotros, que afortunadamente ya no tenemos que hablar de «jurisdicción de cuello»[304] o de «peligro para la vida o la integridad física [*jeopardy for life or limb*]»[305], seguimos conociendo la terrible pena privativa de libertad. Esta, y no la sentencia (según los planteamientos orientados al reproche), debe ser, por tanto, el horizonte de nuestro pensamiento[306]. Aunque, afortunadamente, hemos «roto los gri-

---

302. RADBRUCH, «Vorwort zu einer geplanten Ausgabe des Vortrages von J. H. Kirchmann», en EL MISMO, *Eine Feuerbach-Gedenkrede*, 1952, p. 23; también en SPENDEL (ed.), *Gustav Radbruch. Gesamtausgabe*, t. 4, 2002, p. 227.

303. La referencia explícita al Derecho penal se encuentra en RADBRUCH, *Einführung in die Rechtswissenschaft*, 7/8ª ed., 1929, pp. 105 s.; véase también, GRECO, *Lebendiges und Totes in Feuerbachs Straftheorie*, 2009, p. 207, con ulteriores referencias a numerosas declaraciones favorables en este sentido; y EL MISMO, *GA*, 2020, p. 228.

304. Así, SCHMIDT, Eb., «Inquisitionsprozess und Rezeption», BOOR *et al.* (eds.), *Festschrift der Leipziger Juristenfakultät für Heinrich Siber*, v. I, 1941, pp. 105, 144, 159 ss.

305. Este es el texto de la 5ª Enmienda de la Constitución estadounidense.

306. ZACZYK, *ZStW*, (123), 2011, p. 693, con la propuesta, especialmente llamativa, de hacer del «momento en que una persona condenada a una pena de prisión inicia su condena y es encerrada por primera vez en su celda por un funcionario de prisiones» el punto de partida de la reflexión sobre el Derecho penal; ROXIN/GRECO, *AT*, t. I, 2020, 5ª ed., § 2 nm. 1g.

lletes de la pena privativa de libertad»[307] —la imponemos y ejecutamos cada vez con menos frecuencia[308]—, sigue siendo la «columna vertebral del sistema penal»[309], no porque se suponga que lo es (por ejemplo, como supuesta «columna vertebral de la conciencia jurídica»[310]), sino solo porque de hecho lo es. Cada toma de posición a favor de la pena es, por tanto, una toma de posición a favor de enviar a una persona a prisión[311].

Por lo tanto, no debe malinterpretarse el planteamiento aquí expuesto como una apología de la pena privativa de libertad (o incluso nostalgia de penas físicas o la pena de muerte), un alegato a favor de las penas privativas de libertad cortas que se siguen imponiendo con demasiada frecuencia[312], o de la responsabilidad personal subsidiaria por impago de multa [*Ersatzfreiheitsstrafe*] que recientemente ha sido objeto de fuertes críticas[313]. Al formular un

---

307. Expresión de BAUMANN, «Konsequenzen aus einer Reformarbeit — Nicht aufgenommene Vorschläge für die Strafrechtsreform», en KAUFMANN (ed.), *Gedächtnisschrift für Gustav Radbruch*, Vandenhoeck & Ruprecht, Göttingen, 1968, p. 343 (recordando el proyecto de Código Penal presentado por RADBRUCH en 1922).

308. Para información actulizada: Statistisches Bundesamt (Destatis), Strafverfolgung: Fachserie 10 Reihe 3 (2021), publicada el 29 de noviembre de 2022, pp. 24 s.

309. Así, GRUBE, «Vor § 38», en *Leipziger Kommentar StGB*, 13ª ed., 2020, nm. 32.

310. JESCHECK, «Die Freiheitsstrafe und ihre Surrogate in rechtsvergleichender Darstellung», en EL MISMO (ed.), *Die Freiheitsstrafe und ihre Surrogate im deutschen und ausländischen Recht*, 1984, p. 2155.

311. ROXIN/GRECO, *AT*, t. I, 2020, 5ª ed., § 2 nm. 1h.

312. A las cifras: Statistisches Bundesamt (Destatis), Strafverfolgung: Fachserie 10 Reihe 3 (2021), publicada el 29 de noviembre de 2022, pp. 168 s.; GRUBE, «Vor § 38», en *Leipziger Kommentar StGB*, 13ª ed., 2020, nm. 33.

313. Cfr. la propuesta de DIE LINKE de suprimirlos, BT-Drucks. 19/1689.

concepto de pena que pone en primer plano la privación de libertad, que debe separarse estrictamente de la cuestión de la justificación de la pena[314], no hace sino exponer claramente cuál es el problema[315]. Pues la pena no es nuestra solución, sino ante todo nuestro —específico, particular, singular— problema.

b) En segundo lugar, se pueden extraer conclusiones para la teoría de la pena.

aa) Sobre todo, la posición aquí desarrollada explica por qué el principio tradicionalmente más importante de la limitación de la pena, es decir, la *culpabilidad*, es necesario para legitimar la pena[316]. La pena sin culpabilidad significaría arrebatar los derechos innatos del individuo —es decir, lo que jurídicamente «es»— sin que este «pudiera» hacer nada al respecto; por tanto, sería literalmente instrumentalizado. La pena como reacción que afecta a lo personalísimo necesita como razón de legitimación una culpabilidad personalísima.

Por ello, en el Derecho penal solo se responde por acciones y omisiones, no por estados [*Zustände*] o por la propia personalidad —mientras que el Derecho de policía o del orden público reconoce no solo al perturbador por comportamiento [*Verhaltensstörer*], sino también al pertur-

---

314. Sobre la necesidad de esta separación, GRECO, *Lebendiges und Totes in Feuerbachs Straftheorie*, 2009, p. 275 ss.; con ulteriores referencias GRECO, *Strafprozesstheorie und materielle Rechtskraft*, 2015, p. 643.

315. En este sentido, difiere bastante de los clásicos, que deducían la justificación de la pena directamente de su concepto, revelador BIRKMEYER, *Archiv für Strafrecht*, (48), 1901, p. 75: «Nunca y bajo ninguna circunstancia la pena debe perder su carácter de mal.»

316. GRECO, *Strafprozesstheorie und materielle Rechtskraft*, 2015, pp. 657 ss.; EL MISMO, *GA*, 2015, pp. 530 s.; llevando la idea adelante LEITE, *Notstand und Strafe*, 2019, pp. 203 ss.; MONTENEGRO, *Die Schuld des Menschen*, 2023, pp. 187 ss.

bador por estado de cosas [*Zustandsstörer*][317]—; y solo por las consecuencias que individualmente se hubieran podido prever y evitar[318] —mientras que el Derecho civil, con su negligencia objetivo-generalizadora, también permite responder por cosas individualmente imprevisibles-inevitables[319]—. Por lo tanto, no hay responsabilidad por los actos de otro en Derecho penal, ni responsabilidad por representación según el modelo del § 164 del BGB, ni imputación de culpa según el § 278 del BGB. La definición desarrollada aquí proporciona precisamente el elemento básico que habíamos echado de menos en los anteriores intentos de síntesis del PA o de ROXIN y HASSEMER.

bb) Al mismo tiempo, queda claro que solo esto garantiza la legitimidad frente al individuo. No se le permite quejarse de la pena si él mismo ha cargado la culpabilidad sobre sus espaldas; pero si tenemos que castigarle, eso lo decidimos teniendo en cuenta las alternativas disponibles. La legitimación de la pena se basa, por tanto, en dos pilares[320] que, tanto las teorías tradicionales orientadas a la retribución —o absolutas— como las orientadas a la prevención —o relativas— ignoran. Cómo debe ser el *pilar orientado a la sociedad* con mayor detalle es una cuestión sobre la que no puedo extenderme aquí, pero que está en

317. Con detalle, PAULS, *Begründung und Begrenzung der Polizeipflicht*, tesis doctoral, 2009, pp. 27 ss., 113 ss.

318. Todavía demasiado comedido, ROXIN/GRECO, *AT*, t. I, 2020, 5ª ed., § 19 nm. 53i.

319. Por todos, GRUNDMANN, «§ 276», en HEINTSCHEL-HEINEGG (ed.), *Münchener Kommentar StGB*, 4ª ed., 2021, nm. 55 s., con ulteriores referencias.

320. Asimismo, ROXIN, por último ROXIN/GRECO, *AT*, t. I, 2020, 5ª ed., § 3 nm. 37 ss. («teoría dialéctica de la unión»); SCHÜNEMANN, en EL MISMO *et al.* (eds.), *Positive Generalprävention*, 1998, pp. 114 s. (teoría dualista de la pena); véase también IDA, *GA*, 2017, p. 78.

gran medida predeterminada por la reflexión sobre la singularidad de la pena, y en el sentido de una prevención general meramente negativa (y no positiva)[321].

c) La síntesis aquí esbozada también tiene consecuencias para la *teoría de la criminalización*.

aa) En primer lugar, no hay que dejarse impresionar por el hecho de que el Estado pueda ocuparse de la moral al margen del Derecho penal —por ejemplo, la Ley de Restauración (*Gaststättengesetz*, GastG)— porque el Derecho penal no es equiparable. La *protección de la moral mediante la pena es y sigue siendo inaceptable*: una convicción liberal que hoy debe reivindicarse, no porque la moral conservadora de la era Adenauer haya sido abandonada en los círculos dirigentes, sino porque se ha vuelto más urgente que nunca en el mundo actual de lo políticamente correcto[322]. La amenaza de privar a las personas de una posición jurídica a la que tienen derecho como seres humanos significa que se les niega su autonomía a este respecto. Si el comportamiento por el que se amenaza con imponer una pena es meramente inaceptable desde el punto de vista moral porque solo afecta a la

---

321. Es decir, ya desde la caracterización de la pena como coacción, lo que excluye que pueda ser legitimada con el argumento de la educación, tal como lo hacen de manera evidente no solo las teorías de la resocialización, sino también, y sobre todo, las teorías de la prevención general positiva: cfr. GRECO, *Lebendiges und Totes in Feuerbachs Straftheorie*, 2009, pp. 396 ss., 435 ss., 453 ss.; y la seguridad, en sentido de inocuización, es un fin incompatible con el carácter de reacción contra algo ya pasado (449 ss).

322. Cfr. ROXIN/GRECO, *AT*, t. I, 2020, 5ª ed., § 2 nm. 19b, con ulteriores referencias sobre la reciente tendencia a la remoralización y su crítica.

concepción de una vida buena y plena[323], esto significa que se niega al individuo el derecho a decidir autónomamente sobre su concepción de una vida buena y plena. Solo en este sentido, las disposiciones penales únicamente pueden legitimarse si las consideraciones que las sustentan son neutrales desde el punto de vista de la concepción de la vida.

bb) Este resultado obtenido desde la perspectiva individual determina los límites máximos que el legislador puede alcanzar en la persecución de sus fines mediante la pena. La cuestión sigue siendo, sin embargo, qué fines debe alcanzar. De los candidatos ofrecidos en la literatura, la *teoría del bien jurídico* es la que mejor consigue caracterizar el alcance de lo que debe perseguirse a través de la pena[324].

d) Por último, también con la brevedad requerida, algunas cuestiones sobre la *posición que ocupa la pena en el sistema de consecuencias jurídicas del delito*. La pena tiene una peculiaridad que lleva a que solo pueda legitimarse frente al individuo si existe una culpabilidad personalísima (véase más arriba, a]). Sin embargo, esto no dice nada sobre las demás consecuencias jurídicas del delito. Como no-penas, no están sujetas a estas condiciones singulares; a qué condiciones están sujetas solo puede deter-

---

323. Existen otras dificultades (palabra clave: «consecuencias lejanas») que no puedo abordar aquí, primero GRECO, «Was lässt das Bundesverfassungsgericht von der Rechtsgutslehre übrig? Gedanken anlässlich der Inzestentscheidung des Bundesverfassungsgerichts», *Zeitschrift für Internationale Strafrechtsdogmatik*, 2008, p. 235; por último, ROXIN/GRECO, *AT*, t. I, 2020, 5ª ed., § 2 nm. 19c ss.
324. ROXIN/GRECO, *AT*, t. I, 2020, 5ª ed., § 2 nm. 7 ss. con ulteriores referencias.

minarse tras precisar la naturaleza específica de cada forma de estas consecuencias jurídicas.

Llegados a este punto, se recordarán dos cosas. En primer lugar, que cualquier justificación convincente debe tener en cuenta los dos destinatarios antes mencionados; de modo que, por ejemplo, la legitimación habitual de las medidas a partir de la idea de peligrosidad, del interés preponderante o, en términos más modernos, de la proporcionalidad, no es suficiente porque falta una justificación frente a la persona afectada[325]. En el mismo sentido, resulta insuficiente si se pretende justificar el decomiso de bienes como expresión del principio «*crime does not pay*»[326]. La justificación solo podrá lograrse una vez que se haya elaborado previamente la característica específica de cada una de estas consecuencias jurídicas. El pensamiento singularista contiene, por tanto, todo un programa de investigación[327], que elaborará el carácter específico de cada coacción para la persona afectada, negándose a nivelarlas en una moneda o precio común. Ello se debe a que la singularidad de la pena es un caso especial de la singularidad de la coacción (*supra* 1. c] bb]). En segundo lugar, las demás sanciones pueden llevar a que la pena sea prescindible no por su naturaleza referida al individuo, sino por su aspecto fungible y instrumental desde el punto de vista social, y aquí radica la explicación de la vicariedad[328].

---

325.   Lo que todavía apenas se ve, cfr. con referencias Roxin/Greco, *AT*, t. I, 2020, 5ª ed., § 3 nm. 66 ss.; ya Schmidt, Eb., *ZStW*, (69), 1957, pp. 377 s.

326.   En sustancia BT-Drucks. 18/9525, p. 45.

327.   Una propuesta de extenderlo a los procedimientos penales (que se conceptualizan como «sospecha» (*Verdächtigung*)) en Greco, *Strafprozesstheorie und materielle Rechtskraft*, 2015, pp. 122 ss.

328.   Otros, Hassemer/Neumann, «Vorbemerkungen zu § 1», en Kindhäuser (ed.), *Nomos Kommentar StGB*, 5ª ed., 2017, nm. 265, atribuyen la

V.

CONCLUSIONES

1. La historia reciente del Derecho penal puede (también) reconstruirse como una disputa entre una visión singularista de la pena, para la que la pena es algo especial, y una visión fungibilista, que lo niega.
2. Las concepciones singularistas de la pena fueron la base de la Escuela Clásica y del P 1962; en la actualidad, las posiciones expresivistas (incluidas las orientadas a la víctima) están particularmente comprometidas con dicha concepción.
3. Entre los fungibilistas se encontraban los modernos, incluido el movimiento expansionista de los años setenta, el funcionalismo y el neoidealismo, así como la constitucionalización orientada a la proporcionalidad y el Derecho penal europeo.
4. Se encontraron intentos aislados de síntesis en el PA o en ROXIN y HASSEMER, pero éstos no fueron capaces de captar lo especial de la pena con suficiente claridad.

---

vicariedad a la idea (fungibilizadora) de la «unidad de las consecuencias del Derecho penal» (nm. 300 ss.).

5. Los singularismos son problemáticos si no se dirigen al individuo que se va a castigar, sino a la sociedad; los fungibilismos son problemáticos si no se dirigen a la sociedad, sino al individuo. Esta es la clave de la síntesis necesaria: singularismo hacia el individuo, fungibilismo hacia la sociedad.

6. Para la sociedad, la pena sigue siendo un medio entre otros; pero tiene un precio.

7. Para el individuo, la pena es una reacción que afecta a los derechos que le corresponden como ser humano.

8. De ello se deduce que solo puede reflexionarse sobre la pena con mala conciencia; que el castigo presupone una culpabilidad personalísima; que no se puede castigar por actos meramente inmorales; y que deben hacerse reflexiones comparables sobre la singularidad en otras formas de coacción que no son una pena.

VI.

Bibliografía

Abraham, *Sanktion, Norm, Vertrauen*, Duncker & Humblot, Berlin, 2018.

Achenbach, «Was kann Strafrecht heute noch leisten?», *Strafverteidiger Forum*, 2011, pp. 422 ss.

— «Das Strafrecht als Mittel der Wirtschaftslenkung», *Zeitschrift für die gesamte Strafrechtswissenschaft*, (119), 2007, pp. 789 ss.

Albrecht, P. A., «Organisierte Kriminalität: Das Kriminaljustizsystem und seine konstruierten Realitäten», *Kritische Vierteljahresschrift für Gesetzgebung und Rechtswissenschaft*, (80-3), 1997, pp. 229-237.

— «Das Strafrecht im Zugriff populistischer Politik», *Strafverteidiger*, 1994, pp. 265 ss.

— «Erosionen des rechtsstaatlichen Strafrechts», *Kritische Vierteljahresschrift für Gesetzgebung und Rechtswissenschaft*, (76-2), 1993, pp. 163-182.

— «Das Strafrecht auf dem Weg vom liberalen Rechtstaat zum sozialen Interventionsstaat», *Kritische Vierteljahresschrift für Gesetzgebung und Rechtswissenschaft*, (71-3), 1988, pp. 182-209.

— «Prävention als problematische Zielbestimmung im Kriminaljustizsystem», *Kritische Vierteljahresschrift für Gesetzgebung und Rechtswissenschaft*, (69-1), 1986, pp. 55-82.

— «Spezialprävention angesichts neuer Tätergruppen», *Zeitschrift für die gesamte Strafrechtswissenschaft*, (97), 1985, pp. 831 ss.

AMBOS, «Zukunft der deutschen Strafrechtswissenschaft?», *Zeitschrift für Internationale Strafrechtsdogmatik*, (10), 2020, pp. 452 ss.

— *Nationalsozialistisches Strafrecht. Kontinuität und Radikalisierung*, Nomos, Baden-Baden, 2019.

— *Internationales Strafrecht*, 5ª ed., C.H. Beck, München, 2018.

— «Zur Zukunft der deutschen Strafrechtswissenschaft: Offenheit und diskursive Methodik statt selbstbewusster Provinzialität», *Goltdammer's Archiv für Strafrecht*, 2016, pp. 177 ss.

AMELUNG, *Rechtsgüterschutz und Schutz der Gesellschaft*, Athenäum, Frankfurt am Main, 1970.

APPEL, «Rechtsgüterschutz durch Strafrecht», *Kritische Vierteljahresschrift für Gesetzgebung und Rechtswissenschaft*, (82), 1999, pp. 278 ss.

— *Verfassung und Strafe*, Duncker & Humblot, Berlin, 1998.

AUGUSTINUS, *Vom Gottesstaat*, v. I y II, Dt. Taschenbuch-Verl., München, 1955.

ARZT, «Wissenschaftsbedarf nach dem 6. StrRG», *Zeitschrift für die gesamte Strafrechtswissenschaft*, (111), 1999, p. 757.

BÄCKER, «Zur Europäisierung des Strafverfassungsrechts», en BÄCKER/BURCHARD (eds.), *Strafverfassungsrecht*, Mohr Siebeck, Tübingen, 2022, pp. 169 ss.

BAUER, *Lehrbuch des Naturrechts*, 3ª ed., Vandenhoeck und Ruprecht, Göttingen, 1825.

BAUMANN, «Grabgesang für das Legalitätsprinzip», *Zeitschrift für Rechtspolitik*, (5-12), 1972, pp. 273-275.

— «Was erwarten wir von der Strafrechtsreform?», en EL MISMO, *Weitere Streitschriften zur Strafrechtsreform*, Gieseking, Bielefeld, 1969, pp. 9 ss.

— «Die Reform des allgemeinen Teils eines Strafgesetzbuchs», en EL MISMO, *Weitere Streitschriften zur Strafrechtsreform*, Gieseking, Bielefeld, 1969, pp. 40 ss.

— «Konsequenzen aus einer Reformarbeit — Nicht aufgenommene Vorschläge für die Strafrechtsreform», en KAUFMANN (ed.), *Gedächtnisschrift für Gustav Radbruch*, Vandenhoeck & Ruprecht, Göttingen, 1968, pp. 343.

— «Einschränkungen der Strafbarkeit im Allgemeinen Teil des Alternativ-Entwurfs», *Goltdammer's Archiv für Strafrecht*, 1967, p. 333 ss.

BAUMANN *et al.*, *Alternativ-Entwurf eines Strafgesetzbuchs, Besonderer Teil. Sexualdelikte. Straftaten gegen Ehe, Familie und Personenstand. Straftaten gegen den religiösen Frieden und die Totenruhe*, Mohr Siebeck, Tübingen, 1968.

— *Alternativ-Entwurf eines Strafgesetzbuchs. Allgemeiner Teil*, Mohr Siebeck, Tübingen, 1966.

BELING, *Die Vergeltungsidee und ihre Bedeutung für das Strafrecht*, W. Engelmann, Leipzig, 1908.

BINDING, *Die Normen und ihre Übertretung*, t. I, 4ª ed., Meiner, Leipzig, 1922.

— *Grundriss des deutschen Strafrechts. Allgemeiner Teil*, 8ª ed., Scientia-Verlag, Aalen, 1913.

BIRKMEYER, «Schutzstrafe und Vergeltungsstrafe», *Der Gerichtssaal*, (67), 1906, pp. 401 ss.

— «Gedanken zur bevorstehenden Reform der deutschen Strafgesetzgebung», *Archiv für Strafrecht*, (48), 1901, pp. 67 ss.

BLOY, «Umweltstrafrecht: Geschichte – Dogmatik – Zukunftsperspektiven», *Juristische Schulung*, 1997, pp. 577 ss.

BOTTKE, «Zur Legitimität des Wirtschaftsstrafrechts im engen Sinne und seiner spezifischen Deliktsbeschreibungen», SCHÜNEMANN/SUÁREZ (ed.), *Bausteine des europäischen Wirtschaftsstrafrechts*, Heymann, Köln-Berlin-Bonn-München, 1994, pp. 101 ss.

— «Das Wirtschaftsstrafrecht in der Bundesrepublik Deutschland – Lösungen und Defizite», *wistra*, 1991, pp. 1 ss.

BRAUM, «Europäische Strafgesetzgebung – Demokratische Strafgesetzlichkeit oder administrative Opportunität?», *wistra*, 2006, pp. 121 ss.

BRENESELOVIC, *Die wissenschaftskritischen Zuordnungen von Franz von Liszt*, Duncker & Humblot, Berlin, 2020.

BRODOWSKI, «Sonderstellung des Strafrechts aus der europäischen Mehrebenenperspektive», en BÄCKER/BURCHARD (eds.), *Strafverfassungsrecht*, Mohr Siebeck, Tübingen, 2022, pp. 139 ss.

BROOKS (ed.), *Shame Punishment*, Ashgate, Farnham, 2014.

BRUNHÖBER, «Grundrechtliche Sonderstellung des Strafrechts?», en BÄCKER/BURCHARD (eds.), *Strafverfassungsrecht*, Mohr Siebeck, Tübingen, 2022, pp. 53 ss.

— «Die präventive Wende in der Strafgesetzgebung», en ASHOLT *et al.* (eds.), *Grundlagen und Grenzen des Strafrechts*, Nomos, Baden-Baden, 2015, pp. 13 ss.

BÜHLER, «Die eigene Strafgewalt der Verwaltungsbehörden nach deutschem Recht», en WEGNER *et al.* (eds.), *Festschrift für Ernst Heinrich Rosenfeld*, De Gruyter, Berlin, 1949, pp. 203 ss.

BURCHARD, «Criminal Law Exceptionalism as an Affirmative Ideology, and its Expansionist Discontents», *Criminal Law & Philosophy*, (17), 2023, pp. 17 ss.

— «Strafverfassungsrecht – Vorüberlegungen zu einem Schlüsselbegriff», en TIEDEMANN *et al.* (eds.), *Die Verfassung moderner Strafrechtspflege – Erinnerung an Vogel*, Nomos, Baden-Baden, 2016, pp. 27 ss.

BURCHARD/DUFF, «Criminal Law Exceptionalism: Introduction», *Criminal Law and Philosophy*, (17-1), 2023, pp. 3-4.

BURI, «Der Zweckgedanke im Strafrecht», *Zeitschrift für die gesamte Strafrechtswissenschaft*, (4), 1884, pp. 169 ss.

CALLIESS, *Theorie der Strafe im demokratischen und sozialen Rechtsstaat*, Fischer-Taschenbuch-Verl., Frankfurt am Main, 1974.

CLASSEN, «Legitime Stärkung des Bundestages oder verfassungsrechtliches Prokrustesbett? Zum Urteil des Bundesverfassungsgerichts zum Vertrag von Lissabon», *JuristenZeitung*, 2009, pp. 881 ss.

DAHM/SCHAFFSTEIN, *Liberales oder autoritäres Strafrecht?*, Hanseat. Verl. Anst., Hamburg, 1933.

DARWALL, *The Second-Person Standpoint*, Harvard University Press, Cambridge, 2006.

DENCKER, «Die Bagatelldelikte im Entwurf eines EGStGB», *JuristenZeitung*, 1973, pp. 144 ss.

DESSECKER, *Gefährlichkeit und Verhältnismäßigkeit. Eine Untersuchung zum Maßregelrecht*, Duncker & Humblot, Berlin, 2004.

DREHER, «Die Behandlung der Bagatellkriminalität», en STRATEN-WERTH *et al.* (eds.), *Festschrift für Hans Welzel zum 70. Geburtstag*, De Gruyter, Berlin, 1974, pp. 917 ss.

— «Die erste Arbeitstagung der Großen Strafrechtskommission», *Zeitschrift für die gesamte Strafrechtswissenschaft*, (66), 1954, pp. 568 ss.

DREHER/TRÖNDLE (eds.), *Strafgesetzbuch und Nebengesetze*, 38ª ed., C.H. Beck'sche Verlagsbuchhandlung, München, 1978.

DREIER/PAULSON (eds.), *Gustav Radbruch – Rechtsphilosophie. Studienausgabe*, 2ª ed., C.F. Müller, Heidelberg, 2003.

DONINI, *Strafrechtstheorie und Strafrechtsreform*, Berliner Wissenschafts-Verl., Berlin, 2006.

DUTTGE, «Wissenschaft oder Heuchelei? – eine Antwort auf Hoven, KriPoZ 3/2021, 182 –», *Kriminalpolitische Zeitschrift*, (5), 2021, pp. 311 ss.

ECKL, «Neue Verfahrensweisen zur Behandlung der Kleinkriminalität», *Juristische Rundschau*, (3), 1975, pp. 99 ss.

FEINBERG, *Doing and Deserving*, Princeton University Press, New Jersey, 1970.

FERRAJOLI, *Diritto e ragione. Teoria del garantismo penale*, Laterza, Bari, 1989.

FEUERBACH, *Revision der Grundsätze und Grundbegriffe des positiven peinlichen Rechts*, t. I, Sauer u. Auvermann, Frankfurt, 1799.

FREUND/ROSTALSKI, «Lost in translation? Replik auf die Kommentare von Kindhäuser und Renzikowski», *Goltdammer's Archiv für Strafrecht*, 2022, pp. 582 ss.

FRISCH, «Strafwürdigkeit, Strafbedürftigkeit und Straftatsystem», *Goltdammer's Archiv für Strafrecht*, 2017, pp. 364 ss.

— «Voraussetzungen und Grenzen staatlichen Strafens», *Neue Zeitschrift für Strafrecht*, 2016, pp. 16 ss.

— «Strafe, Straftat und StraftatsystemimWandel», *Goltdammer's Archiv für Strafrecht*, 2015, pp. 65 ss.

— «Konzepte der Strafe und Entwicklungen des Strafrechts in Europa», *Goltdammer's Archiv für Strafrecht*, 2009, pp. 385 ss.

— «Wesentliche Voraussetzungen der Strafbarkeit im rechtsstaatlichen Strafrecht», en SELÇUK ÜNIVERSITESI/HUKUK FAKÜLTESI, *Diskussionsbeiträge zum Entwurf des türkischen Strafgesetzbuchs*, Selçuk Üniversitesi, Konya, 1998, pp. 39-92.

— «Straftat und Straftatsystem», en WOLTER (ed.), *Straftat, Strafzumessung und Strafprozess im gesamten Strafrechtssystem*, Müller, Heidelberg, 1996, pp. 135 ss.

— «Das Marburger Programm und die Maßregeln der Besserung und Sicherung», *Zeitschrift für die gesamte Strafrechtswissenschaft*, (94-3), 1982, pp. 565-598.

FROMMEL, «Was bedeutet uns heute noch Franz von Liszt?», *NK*, (4), 2012, pp.152-160.

— *Präventionsmodelle in der deutschen Strafzweck-Diskussion*, Duncker & Humblot, Berlin, 1987.

GAEDE, *Künstliche Intelligenz – Rechte und Strafen für Roboter?*, Nomos, Baden-Baden, 2019.

— *Der Steuerbetrug*, Nomos, Baden-Baden, 2016.

GALLAS, «Der dogmatische Teil des Alternativ-Entwurfs», *Zeitschrift für die gesamte Strafrechtswissenschaft*, (80), 1968, pp. 1 ss.

GÄRDITZ, «Demokratische Sonderstellung des Strafrechts?», en BÄCKER/BURCHARD (eds.), *Strafverfassungsrecht*, Mohr Siebeck, Tübingen, 2022, pp. 36 ss.

— «Strafrechtslehre als Wissenschaft? Betrachtungen aus der Perspektive des Wissenschaftsrechts», *Zeitschrift für Internationale Strafrechtsdogmatik*, (7/8), pp. 413 ss.

— «Demokratizität des Strafrechts und Ultima Ratio-Grundsatz», *JuristenZeitung*, (71-13), 2016, pp. 641 ss.

— *Staat und Strafrechtspflege*, Ferdinand Schöningh, Paderborn, 2015.

— «Strafbegründung und Demokratieprinzip», *Der Staat*, (49), 2010, pp. 331 ss.

GARGARELLA, *Castigar al prójimo*, Siglo veintiuno editores, Buenos Aires, 2016.

GERMANN, «Zweispurige Verbrechensbekämpfung», *Rechtsgeschichte*, 14, 2009, p. 84 ss.

GIERHAKE, *Der Zusammenhang von Freiheit, Sicherheit und Strafe im Recht*, Duncker & Humblot, Berlin, 2013.

GIERKE, *Johannes Althusius und die Entwicklung der naturrecht-lichen Staatstheorie*, 7ª ed., Whilhem Koebner, Breslau, 1981.

GLESS, «Strafe ohne Souverän?», *Schweizerische Zeitschrift für Straf-recht*, 2007, pp. 24.

GLESS, «Zum Prinzip der gegenseitigen Anerkennung», *Zeitschrift für die gesamte Strafrechtswissenschaft*, (116), 2004, pp. 353 ss.

GLESS/WEIGEND, «Intelligente Agenten und das Strafrecht», *Zeit-schrift für die gesamte Strafrechtswissenschaft*, (126), 2014, pp. 561 ss.

GOLDSCHMIDT, *Das Verwaltungsstrafrecht. Eine Untersuchung der Grenzgebiete zwischen Strafrecht und Verwaltungsrecht auf rechtsgeschichtlicher und rechtsvergleichender Grundlage*, Heymann, Berlin, 1902.

GÓMEZ-JARA, «Die Strafe: eine systemtheoretische Beobachtung», *Rechtstheorie*, (36), 2005, pp. 321 ss.

GRACIA MARTÍN, *Prolegómenos para la lucha por la moderniza-ción y expansión del derecho penal y para la crítica del dis-curso de resistencia*, Tirant lo Blanch, Valencia, 2003.

GRAVEN, «Le Droit Pénal Soviétique», *Revue de Science Criminelle et de Droit Pénal Comparé*, 1948, pp. 231 ss.

GRECO, «Der Anteil der Gesellschaft. Eine Theorie des rechtfertigenden Notstands», *Zeitschrift für die gesamte Straf-rechtswissenschaft*, (134), 2022, pp. 1 ss.

— «Von Wetterzeichen und Kristallkugeln. Anmerkungen zur (nicht nur geistigen) Situation der deutschen (Straf-) Rechtswissenschaft anlässlich einer Rezension», *Zeitschrift für Internationale Strafrechtsdogmatik*, (10), 2020, pp. 463 ss.

— «Strafe als Bürgerpflicht? Reflexionen zur Straftheorie von Michael Pawlik», en HILGENDORF *et al.* (eds.), *Festschrift für Marcelo Sancinetti zum 70. Geburtstag*, Duncker & Humb-lot, Berlin, 2020, pp. 105 ss.

— «Richterliche Macht ohne richterliche Verantwortung. Warum es den Roboter-Richter nicht geben darf», *Rechtswissenschaft*, (11), 2020, pp. 29 ss.

— «Strafjurist mit gutem Gewissen – Kritik der opferorientierten Straftheorie», *Goltdammer's Archiv für Strafrecht*, 2020, pp. 258 ss.

— «Von den mala in se zur poena in se. Reflexionen auf Grundlage der „alten" Diskussion über das sog. Verwaltungsstrafrecht», en KRETSCHMER/ZABEL (eds.), *Studien zur Geschichte des Wirtschaftsstrafrechts*, Nomos, Baden-Baden, 2018, pp. 175-214.

— «„Fortgeleiteter Schmerz" – Überlegungen zum Verhältnis von Prozessabsprache, Wahrheitsermittlung und Prozessstruktur», *Goltdammer's Archiv für Strafrecht*, 2016, pp. 1 ss.

— *Strafprozesstheorie und materielle Rechtskraft*, Duncker & Humblot, Berlin, 2015.

— «Steht das Schuldprinzip der Einführung einer Strafbarkeit juristischer Personen entgegen? Zugleich Überlegungen zum Verhältnis von Strafe und Schuld», *Goltdammer's Archiv für Strafrecht*, 2015, pp. 503 ss.

— «Verfassungskonformes oder legitimes Strafrecht? Zu den Grenzen einer verfassungsrechtlichen Orientierung der Strafrechtswissenschaft», en BRUNHÖBER *et al.* (eds.), *Strafrecht und Verfassung*, Nomos, Baden-Baden, 2013, pp. 13 ss.

— *Modernização do direito penal, bens jurídicos coletivos e crimes de perigo abstrato*, Lumen Juris, Rio de Janeiro, 2011.

— *Feindstrafrecht*, Nomos, Baden-Baden, 2010.

— *Lebendiges und Totes in Feuerbachs Straftheorie*, Duncker & Humblot, Berlin, 2009.

— «Recht und Vernunft. Zur Straftheorie Luigi Ferrajolis», *Jahrbuch der Juristischen Zeitgeschichte*, (10), 2008/2009, pp. 192-208.

— «Was lässt das Bundesverfassungsgericht von der Rechtsgutslehre übrig? Gedanken anlässlich der Inzestentscheidung des Bundesverfassungsgerichts», *Zeitschrift für Internationale Strafrechtsdogmatik*, 2008, pp. 234 ss.

GRECO/ROGER, «Strafrechtsreform als Wissenschaft – zum 50-jährigen Jubiläum des Alternativ-Entwurfs eines Strafgesetzbuchs 1966», *JuristenZeitung*, (71-23), pp. 1125-1133.

GROTIUS, *De jure belli ac pacis, liber II*, Amsterdam, 1730 (1625).

GRUBE, «Vor § 38», en *Leipziger Kommentar StGB*, 13ª ed., De Gruyter, Berlin, 2020.

GRÜNHUT, «Zur Frankfurter Tagung der IKV», *Zeitschrift für die gesamte Strafrechtswissenschaft*, (62), 1932, pp. 764 ss.

GRUNDMANN, «§ 276», en HEINTSCHEL-HEINEGG (ed.), *Münchener Kommentar StGB*, 4ª ed., C.H. Beck, München, 2021.

GÜNTHER, K., «Criminal Law, Crime, and Punishment as Communication», en SIMESTER *et al.* (eds.), *Liberal criminal theory. Essays for Andreas von Hirsch*, Hart, Oxford, 2014, pp. 123 ss.

— «Die symbolisch-expressive Bedeutung der Strafe», en PRITTWITZ *et al.* (eds.), *Festschrift für Klaus Lüderssen zum 70. Geburtstag*, Nomos, Baden-Baden, 2002, pp. 205 ss.

HAAS, *Strafbegriff, Staatsverständnis und Prozessstruktur*, Mohr Siebeck, Tübingen, 2008.

HABERMAS, *Die neue Unübersichtlichkeit*, Suhrkamp, Berlin, 1985.

HABSCHEID, «Steuerstrafverfahren und Grundgesetz», *Monatsschrift für Deutsches Recht*, 1966, pp. 1 ss.

HAFFKE, «Drogenstrafrecht», *Zeitschrift für die gesamte Strafrechtswissenschaft*, (107), 1995, pp. 761 ss.

HAMPTON, «The moral education theory of punishment», *Philosophy & Public Affairs*, (13), 1984, pp. 208 ss.

HANACK, «Das Legalitätsprinzip und die Strafrechtsreform, Bemerkungen zu § 153a des Entwurfs für ein Erstes Gesetz zur Reform des Strafverfahrensrechts vom 13.4.1972», en LACKNER *et al.* (eds.), *Festschrift für Wilhelm Gallas zum 70. Geburtstag*, De Gruyter, Berlin, 1973, pp. 339 ss.

HASSEMER, «The Harm Principle and Rechtsgüterschutz», en SIMESTER *et al.* (eds.), *Liberal criminal theory. Essays for Andreas von Hirsch*, Hart, Oxford, 2014, pp. 187 ss.

— *Warum Strafe sein muss*, Ullstein, Berlin, 2009.

— «Strafrecht, Prävention, Vergeltung. Eine Beipflichtung», HOYER *et al.* (eds.), *Festschrift für Friedrich-Christian Schroeder zum 70. Geburtstag*, C.F. Müller, Heidelberg, 2006, pp. 51 ss.

— «Darf der strafende Staat Verurteilte bessern wollen? Resozialisierung im Rahmen positiver Generalprävention», en

PRITTWITZ *et al.* (eds.), *Festschrift für Klaus Lüderssen zum 70. Geburtstag*, Nomos, Baden-Baden, 2002, pp. 221 ss.

— «Variationen der positiven Generalprävention», en SCHÜNEMANN (ed.), *Positive Generalprävention*, C.F. Müller, Heidelberg, 1998, pp. 29 ss.

— «Kennzeichen und Krisen des modernen Strafrechts», *Zeitschrift für Rechtspolitik*, (25-10), 1992, pp. 378-383.

— «Die Tauglichkeit des modernen Strafrechts», en GREIVE (ed.), *Was taugt das Strafrecht heute?*, Evangelische Akademie Loccum, Loccum, 1992, pp. 8 ss.

— *Einführung in die Grundlagen des Strafrechts*, 2ª ed., Beck, München, 1990.

— «Grundlinien einer personalen Rechtsgutslehre», en PHILIPPS (ed.), *Jenseits des Funktionalismus. Arthur Kaufmann zum 65. Geburtstag*, Decker u. Müller, Heidelberg, 1989, pp. 89 ss.

— «Pacta sunt servanda – auch im Strafprozess?», *Juristische Schulung*, 1989, pp. 890 ss.

— «Symbolisches Strafrecht und Rechtsgüterschutz», *Neue Zeitschrift für Strafrecht*, (12), 1989, pp. 553 ss.

— «Prävention im Strafrecht», *Juristische Schulung*, 1987, pp. 257 ss.

HASSEMER/NEUMANN, «Vorbemerkungen zu § 1», en KINDHÄUSER (ed.), *Nomos Kommentar StGB*, 5ª ed., Nomos, Baden-Baden, 2017.

HASSEMER/REEMTSMA, *Verbrechensopfer, Gesetz und Gerechtigkeit*, Beck, München, 2002.

HAVER, «Ist die Strafgewalt des Finanzamts mit dem Grundgesetz und der Menschenrechtskonvention vereinbar?», *Neue Juristische Wochenschrift*, 1957, pp. 88 ss.

HECKER, *Europäisches Strafrecht*, 6ª ed., Springer, Berlin, 2021.

HEFENDEHL, *Kollektive Rechtsgüter im Strafrecht*, Heymann, Köln-Berlin-Bonn-München, 2002.

HENSSLER/HOVEN/KUBICIEL/WEIGEND (eds.), *Grundfragen eines modernen Verbandsstrafrechts*, Nomos, Baden-Baden, 2017.

HEREDIA URÁIZ, «Control y exclusión social. La Ley de Vagos y Maleantes en el primer franquismo», en ROMERO SALVADOR/SABIO ALCUTÉN, *Universo de micromundos. VI Congreso de His-*

toria Local de Aragón, Institución "Fernando el Católico" y Prensas Universitarias de Zaragoza (CSIC), Zaragoza, 2009, pp. 109-122.

HERZOG, *Gesellschaftliche Unsicherheit und strafrechtliche Daseinsvorsorge*, v. Decker's Verl. Schenck, Heidelberg, 1991.

HILGENDORF, «Können Roboter schuldhaft handeln?», en BECK (ed.), *Jenseits von Mensch und Maschine*, Nomos, Baden-Baden, 2012, pp. 119 ss.

— «Beobachtungen zur Entwicklung des deutschen Strafrechts 1975–2005», en HILGENDORF/WEITZEL (eds.), *Der Strafgedanke in seiner historischen Entwicklung*, Duncker & Humblot, Berlin, 2007, pp. 191 ss.

HIRSCH, «Das Schuldprinzip und seine Funktion im Strafrecht», *Zeitschrift für die gesamte Strafrechtswissenschaft*, (106), 1994, pp. 746 ss.

— «Zur Behandlung der Bagatellkriminalität in der BRD», *Zeitschrift für die gesamte Strafrechtswissenschaft*, (92), 1980, pp. 218 ss.

— *Doing Justice*, Hill and Wang, New York, 1976.

— «Gegenwart und Zukunft des Privatklageverfahrens», en WARDA *et al.* (eds.), *Festschrift für Richard Lange zum 70. Geburtstag*, De Gruyter, Berlin, 1976, pp. 815 ss.

HOCHMAYER, «Strafsanktionen gegen Unternehmen in Europa», en JOERDEN *et al.* (ed.), *Festschrift für Prof. Dr. Dr. h.c. mult. Keiichi Yamanaka zum 70. Geburtstag*, Duncker & Humblot, Berlin, 2017, pp. 91 ss.

HOHMANN, «Von den Konsequenzen einer personalen Rechtsgutsbestimmung im Umweltstrafrecht», *Goltdammer's Archiv für Strafrecht*, 1992, pp. 76 ss.

HONDA, «Über den rechtsphilosophischen Universalismus in der japanischen Strafrechtsgeschichte – eine kritische Betrachtung über den Strafrechtsgedanken Seiichiro Onos in der Zweiten Weltkriegszeit», *Ritsumeikkan Law Review*, (31), 2014, pp. 1-18.

HÖRNLE, «Die subjektiven Rechte der Angehörigen von Mordopfern – und ihre Relevanz für die Wiederaufnahme nach § 362

Nr. 5 StPO», *Goltdammer's Archiv für Strafrecht*, 2022, pp. 184 ss.

— «Gute wissenschaftliche Praxis bei Rezensionen», *Neue Juristische Wochenschrift*, 2021, pp. 1933 ss.

— «Plädoyer für einen behutsamen Umgang mit Kristallkugeln», *Zeitschrift für Internationale Strafrechtsdogmatik*, (10), 2020, pp. 468 ss.

— «Straftheorien», en HILGENDORF *et al.* (eds.), *Handbuch des Strafrechts*, v. I, C.F. Müller, Heidelberg, 2019, § 12 Rdn 37ss.

— *Straftheorien*, 2ª ed., Mohr Siebeck, 2017.

— «Zweck und Rechtfertigung staatlicher Strafe», en SALIGER *et al.* (eds.), *Rechtsstaatliches Strafrecht: Festschrift für Ulfrid Neumann zum 70. Geburtstag*, C. F. Müller, Heidelberg, 2017, pp. 593 ss.

— «Verfolgungsverjährung: Keine Selbstverständlichkeit», en FAHL *et al.* (eds.), *Festschrift für Werner Beulke zum 70. Geburtstag*, C.F. Müller, Heidelberg, 2015, pp. 115 ss.

— «Die Rolle des Opfers in der Straftheorie und im materiellen Strafrecht», *JuristenZeitung*, 2006, pp. 950 ss.

HÖRNLE/V. HIRSCH, «Positive Generalprävention und Tadel», *Goltdammer's Archiv für Strafrecht*, 1995, pp. 261 ss.

HOYER, «§ 263», en *Systematischer Kommentar StGB*, 9ª ed., Carl Heymanns Verlag, Köln, 2019.

HOVEN, «Lauter Verrisse», *Kriminalpolitische Zeitschrift*, (3), 2021, pp. 182 ss.

— «Die Erweiterung der Wiederaufnahme zuungunsten des Freigesprochenen – eine Kritik der Kritik», *JuristenZeitung*, 2021, pp. 1154 ss.

HÜNERFELD, «Kleinkriminalität und Strafverfahren», *Zeitschrift für die gesamte Strafrechtswissenschaft*, (90), 1978, pp. 905 ss.

HUSAK, «The Criminal Law as Last Resort», *Oxford Journal of Legal Studies*, (24), 2004, pp. 207 ss.

IDA, «Zum heutigen Stand des japanischen Strafrechts und der japanischen Strafrechtswissenschaft», *Goltdammer's Archiv für Strafrecht*, (164-2), 2017, pp. 67-79.

IGNOR, *Geschichte des Strafprozesses in Deutschland 1532–1846*, Schöningh, Paderborn-München-Wien-Zürich, 2002.

JAKOBS, «„Recht des Willens" – „Schuld des Willens". Schuldzurechnung bei Hegel», en FISCHER/HOVEN (eds.), *Schuld*, Nomos, Baden-Baden, 2017, pp. 111 ss.

— «Drei Bemerkungen zum gesellschaftsfunktionalen Schuldbegriff», en HEGER *et al.* (eds.), *Festschrift für Kristian Kühl zum
70. Geburtstag*, C.H. Beck, München, 2014, pp. 281 ss.

— *System der strafrechtlichen Zurechnung*, Klostermann, Frankfurt am Main, 2012.

— «Zur Theorie des Feindstrafrechts», en ROSENAU/KIM, *Straftbe-
orie und Strafgerechtigkeit*, Lang, Frankfurt am Main, 2010,
pp. 167 ss.

— *Norm, Person, Gesellschaft*, 3ª ed., Duncker & Humblot, Berlin, 2008.

— «An den Grenzen rechtlicher Orientierung: Feindstrafrecht»,
en PARMAS *et al.* (eds.), *Festschrift für Jaan Sootak zum 60.
Geburtstag*, Juura, Talinn, 2008, pp. 131 ss.

— «Strafrecht als wissenschaftliche Disziplin», en ENGEL/SCHÖN
(eds.), *Das Proprium der Rechtswissenschaft*, Mohr Siebeck,
Tübingen, 2007, pp. 104 ss.

— «Die Schuld der Fremden», *Zeitschrift für die gesamte Strafrechtswissenschaft*, (119), 2006, pp. 831 ss.

— «Feindstrafrecht? – Eine Untersuchung zu den Bedingungen
von Rechtlichkeit», *Höchst Richterliche Rechtsprechung im
Strafrecht*, 2006, pp. 289 ss.

— «Terroristen als Personen im Recht?», *Zeitschrift für die gesamte Strafrechtswissenschaft*, (117), 2005, pp. 839 ss.

— *Staatliche Strafe. Bedeutung und Zweck*, Schöningh, Paderborn-München-Wien-Zürich, 2004.

— «Der Zweck der Vergeltung», en KARRAS, *Festschrift für Nikolaos K. Androulakis*, Sakkoula, Athēna, 2003, pp. 251 ss.

— «Strafrechtliche Zurechnung und die Bedingungen der Normgeltung», *Archiv für Rechts- und Sozialphilosophie*, (74), 2000,
pp. 57 ss.

— «Das Selbstverständnis der Strafrechtswissenschaft vor den
Herausforderungen der Gegenwart », en ESER/HASSEMER/BURK-
HARDT (eds.), *Die deutsche Strafrechtswissenschaft vor der Jahr-

tausendwende, Rückbesinnung und Ausblick, Beck, München, 2000, pp. 47 ss.

— «Zur gegenwärtigen Straftheorie», en KODALLE (ed.), *Strafe muss sein! Muss Strafe sein?: Philosophen - Juristen - Pädagogen im Gespräch*, Königshausen & Neumann, Würzburg, 1998, pp. 29 ss.

— «Das Strafrecht zwischen Funktionalismus und ‚alteuropäischem' Prinzipiendenken», *Zeitschrift für die gesamte Strafrechtswissenschaft*, (107), 1995, pp. 842 ss.

— *Das Schuldprinzip*, Westdt. Verl., Opladen, 1993.

— *Der strafrechtliche Handlungsbegriff*, Beck, München, 1992.

— *Strafrecht. Allgemeiner Teil*, 2ª ed., de Gruyter, Berlin-New York, 1991.

— «Über die Behandlung von Wollensfehlern und von Wissensfehlern», *Zeitschrift für die gesamte Strafrechtswissenschaft*, (101), 1989, pp. 516 ss.

— «Kriminalisierung im Vorfeld einer Rechtsgutsverletzung», *Zeitschrift für die gesamte Strafrechtswissenschaft*, (97), 1985, pp. 751 ss.

— *Schuld und Prävention*, Mohr Siebeck, Tübingen, 1976.

JAHN/ZIEMANN, «Die Frankfurter Schule des Strafrechts», *Juristen-Zeitung*, (19), 2014, pp. 943-947.

JESCHECK, «Die Freiheitsstrafe und ihre Surrogate in rechtsvergleichender Darstellung», en EL MISMO (ed.), *Die Freiheitsstrafe und ihre Surrogate im deutschen und ausländischen Recht*, Nomos, Baden-Baden, 1984, pp. 1939 ss.

— «Grundfragen der Dogmatik und Kriminalpolitik im Spiegel der Zeitschrift für die gesamte Strafrechtswissenschaft», *Zeitschrift für die gesamte Strafrechtswissenschaft*, (93-1), 1981, pp. 3-67.

— «Die kriminalpolitische Konzeption des Alternativ-Entwurfs eines Strafgesetzbuchs (Allgemeiner Teil)», *Zeitschrift für die gesamte Strafrechtswissenschaft*, (80), 1968, pp. 54 ss.

— *Das Menschenbild unserer Zeit und die Strafrechtsreform*, Mohr Siebeck, Tübingen, 1957.

JÜNGEL, *Shame Sanctions – Wiedergeburt der Schandstrafe?*, banana wissensverl., Langenfeld, 2011.

JUPPE, *Die gegenseitige Anerkennung strafrechtlicher Entscheidungen in Europa: historische Grundlagen – aktuelle und zukünftige Problembereiche*, Lang, Frankfurt am Main, 2007.

KAHAN, «What Do Alternative Sanctions Mean», *University of Chicago Law Review*, (63), 1996, pp. 591 ss.

KAHLO, «Die Weisheit der absoluten Theorien», en HERZOG *et al.* (eds.), *Festschrift für Winfried Hassemer*, Müller, Heidelberg, 2010, pp. 383 ss.

— *Das Problem des Pflichtwidrigkeitszusammenhanges bei den unechten Unterlassungsdelikten*, Duncker & Humblot, Berlin, 1990.

KAIAFA-GBANDI, «Die Bedeutung fundamentaler Strafrechtsprinzipien für das moderne EU-Strafrecht», en FACHBEREICH RECHTSWISSENSCHAFT DER GOETHE-UNIVERSITÄT FRANKFURT AM MAIN (ed.), *100 Jahre Rechtswissenschaft in Frankfurt*, Klostermann, Frankfurt am Main, 2014, pp. 729 ss.

KAISER, «Entwicklungstendenzen des Strafrechts», en SCHROEDER *et al.* (eds.), *Festschrift für Reinhart Maurach zum 70. Geburtstag*, Müller, Karlsruhe, 1972, pp. 25 ss.

KANT, «Die Metaphysik der Sitten», en EL MISMO, *Kants Werke, Akademie Ausgabe*, v. VI, De Gruyter, Berlin, 1968.

KASPAR, «Rezension zu Klaus-Ferdinand Gärditz, Staat- und Strafrechtspflege, Verlag Ferdinand Schöningh, 2015, 132 Seiten», *Rechtswissenschaft*, (2), 2016, pp. 293 ss.

— «Schuldstrafrecht oder Präventionsstrafrecht», en BRUNHÖBER (ed.), *Strafrecht im Präventionsstaat, Steiner*, Stuttgart, 2014, pp. 61 ss.

KAUFMANN, Art., «Schuldprinzip und Verhältnismäßigkeit», en WARDA *et al.* (eds.), *Festschrift für Richard Lange zum 70. Geburtstag*, De Gruyter, Berlin, 1976, pp. 27 ss.

— «Der Alternativ-Entwurf eines Strafgesetzbuchs und das Erbe Radbruchs, Gedächtnisschrift für Radbruch», en EL MISMO *et al.* (eds.), *Gedächtnisschrift für Radbruch*, Vandenhoeck & Ruprecht, Göttingen, 1968, pp. 324 ss.

— «Dogmatische und kriminalpolitische Aspekte des Schuldgedankens im Strafrecht», *JuristenZeitung*, (22-18), 1967, pp. 553 ss.

KINDHÄUSER, «Rechtsgüterschutz durch Gefährdungsdelikte», en AMELUNG *et al.* (eds.), *Festschrift für Volker Krey zum 70. Geburtstag am 9. Juli 2010*, Kohlhammer, Stuttgart, 2010, pp. 249.

— «Rationaler Rechtsgüterschutz durch Verletzungs- und Gefährdungsdelikte», en LÜDERSSEN (ed.), *Aufgeklärte Kriminalpolitik oder Kampf gegen das Böse?*, v. I, Nomos-Verl.-Ges., Baden-Baden, 1998, pp. 263 ss.

— *Gefährdung als Straftat*, Klostermann, Frankfurt am Main, 1989.

KINDHÄUSER *et al.* (eds.), *Strafrecht und Gesellschaft. Ein kritischer Kommentar zum Werk von Günther Jakobs*, Mohr Siebek, Tübingen, 2019.

KLESCZEWSKI, *Strafrecht. Allgemeiner Teil*, 3ª ed., Leipziger Universitätsverlag, Leipzig, 2017.

— *Die Rolle der Strafe in Hegels Theorie der bürgerlichen Gesellschaft*, Duncker & Humblot, Berlin, 1991.

KLUG, «Abschied von Kant und Hegel», en BAUMANN (ed.), *Programm für ein neues Strafgesetzbuch*, Fischer Verlag, Frankfurt-Main, 1968, pp. 36 ss.

KOCH, «Binding vs. v. Liszt – Klassische und moderne Strafrechtsschule», en HILGENDORF/WEITZEL (eds.), *Der Strafgedanke in seiner historischen Entwicklung*, Duncker & Humblot, Berlin, 2007, pp. 127 ss.

KOCH/LÖHNIG (eds.), *Die Schule Franz von Liszts*, Mohr Siebeck, Tübingen, 2016.

KÖHLER, *Strafrecht Allgemeiner Teil*, Springer, Berlin, 1997.

— «Freiheitliches Rechtsprinzip und Betäubungsmittelstrafrecht», *Zeitschrift für die gesamte Strafrechtswissenschaft*, (104), 1992, pp. 3-64.

— *Der Begriff der Strafe*, Decker & Müller, Heidelberg, 1986.

— *Über den Zusammenhang von Strafrechtsbegründung und Strafzumessung*, v. Decker & Müller, Heidelberg, 1983.

KOHLRAUCH, «Art.: Strafe», en STIER-SOMLO/ELSTER (eds.), *Handwörterbuch der Rechtswissenschaft*, t. 5, De Gruyter, Berlin, 1928, pp. 756 ss.

KOTSOGLU, «Das schweigende Strafrecht. Zur Auflösung des Streits über die ‚richtige' Straftheorie», en BOCK/HARRENDORF/LADI-GES (ed.), *Strafrecht als interdisziplinäre Wissenschaft*, Nomos, Baden-Baden, 2015, pp. 13 ss.

KRATZSCH, *Verhaltenssteuerung und Organisation im Strafrecht*, Duncker & Humblot, Berlin, 1985.

KRÜGER, «Unmittelbare EU-Strafkompetenzen aus Sicht des deutschen Strafrechts», *Höchst Richterliche Rechtsprechung im Strafrecht*, (13), 2012, pp. 311 ss.

— *Die Entmaterialisierungstendenz beim Rechtsgutsbegriff*, Duncker & Humblot, Berlin, 2000.

KUBICEL, «Entgrenzungen des Strafrechts», *Zeitschrift für die gesamte Strafrechtswissenschaft*, (131), 2019, pp. 1115 ss.

— «Die Strafrechtswissenschaft als kritische Wissenschaft», en BARTON *et al.* (eds.), *Festschrift für Thomas Fischer*, 2018, C.H. Beck, München, pp. 143 ss.

— «Kriminalpolitik und Strafrechtswissenschaft», *JuristenZeitung*, 2018, pp. 171 ss.

— «Freiheit, Institutionen, abstrakte Gefährdungsdelikte», en JAHN *et al.* (eds.), *Strafverfolgung in Wirtschaftsstrafsachen*, De Gruyter, Berlin, 2015, pp. 158 ss.

— *Die Wissenschaft vom Besonderen Teil des Strafrechts*, Klostermann, Frankfurt am Main, 2013.

— «Das deutsche Inzestverbot vor den Schranken des EGMR», *Zeitschrift für Internationale Strafrechtsdogmatik*, 2012, pp. 282 ss.

— «Vergeltung, Sittenbildung oder Resozialisierung? Die straftheoretische Diskussion um die Große Strafrechtsreform», en LÖHNING *et al.* (eds.), *Reform und Revolte*, Mohr Siebeck, Tübingen, 2012, pp. 217-230.

— «Shame Sanctions – Ehrenstrafen im Lichte der Straftheorie», *Zeitschrift für die gesamte Strafrechtswissenschaft*, (118), 2006, pp. 44 ss.

KUBICIEL/WEIGEND, «Maßstäbe wissenschaftlicher Strafgesetzgebungskritik», *Kriminalpolitische Zeitschrift*, (1), 2019, pp. 35 ss.

KUBINK, *Strafen und ihre Alternativen im zeitlichen Wandel*, Duncker & Humblot, Berlin, 2002.

KUDLICH, «Die Relevanz der Rechtsgutstheorie im modernen Verfassungsstaat», Zeitschrift für die gesamte Strafrechtswissenschaft, (127), 2017, pp. 635.

KUHLEN, «Die Auslandsbestechung und die deutsche Strafrechtswissenschaft – eine Rezension zu Cornelia Spörl, Das Verbot der Auslandsbestechung 2019», *Zeitschrift für Internationale Strafrechtsdogmatik*, (7/8), 2020, pp. 327 ss.

— «Das Selbstverständnis der Strafrechtswissenschaft gegenüber den Herausforderungen ihrer Zeit (Kommentar)», en ESER/HASSEMER/BURKHARDT (eds.), *Die deutsche Strafrechtswissenschaft vor der Jahrtausendwende, Rückbesinnung und Ausblick*, Beck, München, 2000, pp. 57 ss.

KÜHL, «Von der gerechten Strafe zum legitimen Bereich des Strafbaren», *Festschrift für Manfred Maiwald zum 75. Geburtstag*, Duncker & Humblot, 2010, pp. 433 ss.

LACKNER (ed.), *Strafgesetzbuch*, 13ª ed., Beck, München, 1980.

LAGODNY, *Strafrecht vor den Schranken der Grundrechte*, Mohr, Tübingen, 1996.

LAMPE, «Überindividuelle Rechtsgüter, Institutionen und Interessen», en SIEBER *et al.* (eds.), *Festschrift für Klaus Tiedemann zum 70. Geburtstag*, Heymann, Köln-München, pp.79 ss.

— *Der Kreditbetrug (§§ 263, 265 b StGB)*, Duncker & Humblot, Berlin, 1980.

LEITE, *Notstand und Strafe*, Duncker & Humblot, 2019.

LENCKNER, «§ 264», en SCHÖNKE/SCHRÖDER, *Strafgesetzbuch*, C.H. Becksche Verlagsbuchhandlung, München, 1978.

LIEPMANN, «XXVI. Gutachten des Herrn Professor Dr. M. Liepmann in Kiel über die Frage: Ist die Todesstrafe im künftigen deutschen und österreichischen Strafgesetzbuch beizubehalten», en *Verhandlungen des Einunddreißigsten Deutschen Juristentages – Gutachten*, De Gruyter, Berlin-Boston, 1912, pp. 572-765.

— «Strafrechtsreform und Schulenstreit», *Zeitschrift für die gesamte Strafrechtswissenschaft*, (28), 1908.

LOBE, en EBERMAYER/EICHELBAUM/LOBE/ROSENBERG, *Das Reichsstraf-gesetzbuch (Leipziger Kommentar)*, 2ª ed., de Gruyter, Berlin, 1920.

LÜDERSSEN, «Diskussionsbeitrag», en PRITTWITZ (ed.), *Rationalität und Empathie. Kriminalwissenschaftliches Symposion für Klaus Lüderssen zum 80. Geburtstag*, Nomos, Baden-Baden, 2014.

— «Präventionsorientierte Zurechnung - aktuelle Programme für die Strafverteidigung?», *Strafverteidiger*, (6), 2011, pp. 377 ss.

— «Resozialisierung und Menschenwürde», en EL MISMO (ed.), *Aufgeklärte Kriminalpolitik oder Kampf gegen das Böse?*, v. IV, Nomos, Baden-Baden, 1998, pp. 109 ss.

— «Freiheitsstrafe ohne Funktion», en SCHULZ *et al.* (eds.), *Festschrift für Günter Bemmann*, Nomos, Baden-Baden, 1997, pp. 47 ss.

— *Krise des öffentlichen Strafanspruchs*, Metzner, Frankfurt am Main, 1995.

— «Der Freiheitsbegriff der Psychoanalyse und seine Folgen für das moderne Strafrecht», en EL MISMO, *Abschaffen des Strafens?*, Suhrkamp, Frankfurt am Main, 1995, pp. 74 ss.

— «Die Perspektive der Wiedergutmachung», en EL MISMO, *Abschaffen des Strafens?*, Suhrkamp, Frankfurt am Main, 1995, pp. 153 ss.

— «Übernahme der Aufgaben des Strafrechts durch andere Rechtsgebiete», en EL MISMO, *Abschaffen des Strafens?*, Suhrkamp, Frankfurt am Main, 1995, pp. 410 ss.

— «Zurück zum guten alten, liberalen, anständigen Strafrecht?», en BÖLLINGER/LAUTMANN (eds.), *Vom Guten, das noch stets das Böse schafft: kriminalwissenschaftliche Essays zu Ehren von Herbert Jäger*, Suhrkamp, Frankfurt am Main, 1993, pp. 268 ss.

— «Alternativen zum Strafen», en HAFT *et al.* (eds.), *Festschrift für Arthur Kaufmann zum 70. Geburtstag*, Müller, Heidelberg, 1993, pp. 487 ss.

— «Krise des Resozialisierungsgedankens im Strafrecht», *Juristische Arbeitsblätter*, 1991, pp. 222-228.

MARXEN, «Das Problem der Kontinuität in der neueren deutschen Strafrechtsgeschichte», *Kritische Vierteljahresschrift für Gesetzgebung und Rechtswissenschaft*, (3-4), 1990, pp. 287-298.

— *Der Kampf gegen das liberale Strafrecht*, Duncker & Humblot, Berlin, 1975.

MAURACH, «Das sowjetische Strafrecht 1917–1952», *Osteuropa*, (2), 1952, pp. 321 ss.

— *Grundlagen des räterussischen Strafrechts*, Vahlen, Berlin, 1933.

MEYER, G., *Der Staat und die erworbenen Rechte*, Dunker & Humblot, Leipzig, 1895.

MEZGER, «Subjektivismus und Objektivismus in der strafgerichtlichen Rechtsprechung des Reichsgerichtes», en SCHREIBER (ed.), *Die Reichsgerichtspraxis im Deutschen Rechtsleben*, de Gruyter, Berlin, 1929, pp. 13-29.

MONTENEGRO, *Die Schuld des Menschen*, Mohr Siebeck, Tübingen, 2023.

MORGENSTERN, «Was sind eigentlich „wirksame, verhältnismäßige und abschreckende" Strafen?», en NEUBACHER/BÖGELEIN (eds.), *Krise, Kriminalität, Kriminologie*, Forum Verlag Godesberg, Mönchengladbach, 2016, pp. 103 ss.

MURMANN, *Die Selbstverantwortung des Opfers im Strafrecht*, Springer, Berlin, 2005.

NAGEL, *The View from Nowhere*, Oxford University Press, Oxford, 1989.

NAGLER, «Staatsidee und Strafrecht», *Der Gerichtssaal*, (103), 1933, pp. 1 ss.

— *Die Strafe*, t. I, Meiner, Leipzig, 1918.

— «Die Verständigung der Strafrechtsschulen», *Der Gerichtssaal*, (70), 1907.

NAUCKE, «„Schulenstreit"?», en HERZOG *et al.* (eds.), *Festschrift für Winfried Hassemer*, Müller, Heidelberg, 2010.

— *Über die Zerbrechlichkeit des rechtsstaatlichen Strafrechts. Materialien zur neueren Strafrechtsgeschichte*, Nomos, Baden-Baden, 2000.

— «Konturen eines nach-präventiven Strafrechts», *Kritische Vierteljahresschrift für Gesetzgebung und Rechtswissenschaft*, (82-3), 1999, pp. 336-354.

— *Gesetzlichkeit und Kriminalpolitik*, Klostermann, Frankfurt am Main, 1999, pp. 225 ss.

— *Kants Kritik der empirischen Rechtslehre*, Steiner, Stuttgart, 1996.

— «NS-Strafrecht: Perversion oder Anwendungsfall moderner Kriminalpolitik?», *Rechtshistorisches Journal*, (11), 1992, pp. 279-292.

— «Der Zustand des Legalitätsprinzips», en LÜDERSSEN, *Modernes Strafrecht und ultima-ratio-Prinzip*, Lang, Frankfurt am Main, 1990, pp. 149 ss.

— «Das System der prozessualen Entkriminalisierung», en SAMSON *et al.* (eds.), *Festschrift für Gerald Grünwald zum siebzigsten Geburtstag*, Nomos, Baden-Baden, 1999, pp. 403 ss.

— *Die Wechselwirkung zwischen Strafziel und Verbrechensbegriff*, Steiner-Verlag-Wiesbaden-GmbH, Stuttgard, 1985.

— «Über deklaratorische, scheinbare und wirkliche Entkriminalisierung», *Goltdammer's Archiv für Strafrecht*, 1984, pp. 199 ss.

— «Die Kriminalpolitik des Marburger Programms», *Zeitschrift für die gesamte Strafrechtswissenschaft*, (94), 1982, pp. 525 ss.

— «Generalprävention und Grundrechte der Person», en HASSEMER/LÜDERSSEN/NAUCKE (eds.), *Hauptprobleme der Generalprävention*, Metzner, Frankfurt am Main, 1979, pp. 9 ss.

NELLES/VELTEN, «Einstellungsvorschriften als Korrektiv für unverhältnismäßige Strafgesetze?», *Neue Zeitschrift für Strafrecht*, 1994, pp. 366 ss.

NESTLER, «Grundlagen und Kritik des Betäubungsmittelstrafrechts», en KREUZER (ed.), *Handbuch des Betäubungsmittelstrafrechts*, Beck, München, 1997, pp. 702 ss.

— «Rechtsgüterschutz und Strafbarkeit des Besitzes von Schußwaffen und Betäubungsmitteln», en INST. FÜR KRIMINALWISS. FRANKFURT A. M. (ed.), *Vom unmöglichen Zustand des Strafrechts*, Lang, Frankfurt am Main, 1995, pp. 65 ss.

NESTLER/TREMEL, «Der ‚deal' aus der Perspektive des Beschuldig-ten», *Kritische Justiz*, 1989, pp. 448 ss.

NEUHEUSER, «§ 261», en HEINTSCHEL-HEINEGG (ed.), *Münchener Kom-mentar StGB*, 4ª ed., C.H. Beck, München, 2021.

NIESE, «Das Steuerstrafverfahren»; *Zeitschrift für die gesamte Straf-rechtswissenschaft*, (70), 1958, pp. 337 ss.

NOLL, «Strafrechtswissenschaft und Strafgesetzgebung», *Zeitschrift für die gesamte Strafrechtswissenschaft*, (92), 1980, pp. 73 ss.

— «Strafrecht im Übergang. Bemerkungen zu dem Lehrbuch des Strafrechts, AT, von Jescheck», *Golddammer's Archiv für Straf-recht*, 1970, pp. 176 ss.

— «Schuld und Prävention unter dem Gesichtspunkt der Ratio-nalisierung des Strafrechts», en GEERDS *et al.* (eds.), *Festschrift für Hellmuth Mayer zum 70. Geburtstag*, Duncker & Humb-lot, Berlin, 1966, pp. 219 ss.

— «Diskussionsvotum an der Strafrechtslehrertagung vom 21. bis 23. Mai 1964 in Hamburg», *Zeitschrift für die gesamte Straf-rechtswissenschaft*, (76), 1964, pp. 707 ss.

— *Die ethische Begründung der Strafe*, Mohr Siebeck, Tübingen, 1962.

NOLTENIUS, «Strafbegründung und der Grundsatz der Verhältnis-mäßigkeit», en ZABEL/ZIMMERMANN (eds.), *Grundrechtspolitik und Rechtswissenschaft, Band aus Anlass des 70. Geburtsta-ges von Helmut Goerlich*, Mohr Siebeck, Tübingen, 2015, pp. 93 ss.

OETKER, «Gedanken zur Reform des deutschen Strafrechts und Strafprozeßrechts», *Der Gerichtssaal*, (104), 1934, pp. 1 ss.

— «Die Deutsche Strafrechtliche Gesellschaft», *Der Gerichtssaal*, (91), 1925, pp. 321-347.

— «Strafe und Lohn», *Der Gerichtssaal*, (70), 1907, pp. 321 ss.

OTTO, «Die Tatbestände gegen Wirtschaftskriminalität im Straf-gesetzbuch», *Juristische Ausbildung*, 1989, pp. 24 ss.

— «Konzeption und Grundsätze des Wirtschaftsstrafrechts», *Zeit-schrift für die gesamte Strafrechtswissenschaft*, (96), 1984, pp. 339 ss.

PAEFFGEN/GRECO, «§ 449-463d)», *Systematischer Kommentar StPO*, 5ª ed., Carl Heymanns, Hürth, 2020.

PAULDURO, *Die Verfassungsgemäßheit von Strafrechtsnormen, insbesondere der Normen des Strafgesetzbuches im Lichte der Rechtsprechung des Bundesverfassungsgerichts*, VVF, München, 1992.

PAULS, *Begründung und Begrenzung der Polizeipflicht*, tesis doctoral, Universidad de Trier, 2009.

PAWLIK, *Das Unrecht des Bürgers. Grundlinien einer Allgemeinen Verbrechenslehre*, Mohr Siebeck, Tübingen, 2012.

— «Staatlicher Strafanspruch und Strafzwecke», en SCHUMANN (ed.), *Das strafende Gesetz im sozialen Rechtsstaat*, De Gruyter, Berlin, 2010, pp. 59 ss.

— «„Der Täter ist um der Gemeinschaft willen verpflichtet, die Strafe auf sich zu nehmen". Überlegungen zur Strafbegründung im Anschluss an Claus Roxin», *Goltdammer's Archiv für Strafrecht*, 2006, pp. 344 ss.

— «Strafe oder Gefahrenbekämpfung?», en HOYER *et al.* (eds.), *Festschrift für Friedrich-Christian Schroeder zum 70. Geburtstag*, C.F. Müller, Heidelberg, 2006, pp. 357 ss.

— *Person, Subjekt, Bürger. Zur Legitimation von Strafe*, Duncker & Humblot, Berlin, 2004.

— «Kritik präventionstheoretischer Strafbegründungen», en ROGALL *et al.* (eds.), *Festschrift für Hans-Joachim Rudolphi zum 70. Geburtstag*, Wolters Kluwer, Luchterland, 2004, pp. 213 ss.

PÉREZ-BARBERÁ, «Probleme und Perspektiven der expressiven Straftheorien», *Goltdammer's Archiv für Strafrecht*, 2014, pp. 504 ss.

POPPITZ, *Über die Präventivwirkung des Nichtwissens*, Mohr Siebeck, Tübingen, 1968.

PRITTWITZ, *Strafrecht und Risiko*, Klostermann, Frankfurt am Main, 1993.

PUPPE, «Über den rechtswissenschaftlichen Diskurs. Oder: Was darf und was soll ein Rezensent?», *Zeitschrift für Internationale Strafrechtsdogmatik*, (6), 2021, pp. 348 ss.

PÜTTER, *Beyträge zum Teutschen Staats- und Fürsten-Rechte*, Hildesheim, Zürich, 1777.

RADBRUCH, «Autoritäres oder soziales Strafrecht? (1933)», en KAUF-MANN, A. (ed.), *Gustav Radbruch. Gesamtausgabe*, t. 8, C.F. Müller, Heidelberg, 1998, pp. 226 ss.

— «Die geistesgeschichtliche Lage der Strafrechtsreform (1932)», en WASSERMANN, A. (ed.), *Gustav Radbruch. Gesamtausgabe*, t. 9, C.F. Müller, Heidelberg, 1992, pp. 323 ss.

— «Vorwort zu einer geplanten Ausgabe des Vortrages von J. H. Kirchmann», en EL MISMO, *Eine Feuerbach-Gedenkrede*, Verlag J.C.B. Mohr, Tübingen, 1952, pp. 19 ss.

— *Einführung in die Rechtswissenschaft*, 7/8ª ed., Quelle & Meyer, Leipzig, 1929.

— «Die politische Prognose der Strafrechtsreform», *Monatsschrift für Kriminologie und Strafrechtsreform*, (5), 1908-1909, pp. 1 ss.

RAUCH, *Die klassische Strafrechtslehre in ihrer politischen Bedeutung*, Weicher, Leipzig, 1936.

REEMTSMA, *Das Recht des Opfers auf die Bestrafung des Täters – als Problem*, Beck, München, 1999.

ROXIN, « Die geschäftsmäßige Förderung einer Selbsttötung als Straftatbestand und der Vorschlag einer Alternative», *Neue Zeitschrift für Strafrecht*, 2016, pp. 185.

— «Das Schuldprinzip im Wandel», en FRITJOF *et al.* (eds.), *Festschrift für Arthur Kaufmann zum 70. Geburtstag*, Müller, Heidelberg, 1993, pp. 519 ss.

— «Zur Problematik des Schuldstrafrechts», *Zeitschrift für die gesamte Strafrechtswissenschaft*, (96-3), 1984, pp. 641 ss.

— «Zur jüngsten Diskussion über Schuld, Prävention und Verantwortlichkeit im Strafrecht», en KAUFMANN, Art. *et al.* (eds.), *Festschrift für Paul Bockelmann zum 70*, Beck, München, 1979, pp. 279 ss.

— «Sinn und Grenzen staatlicher Strafe (1966)», en EL MISMO, *Strafrechtliche Grundlagenprobleme*, De Gruyter, Berlin, 1973, pp. 1 ss.

— «Kriminalpolitische Überlegungen zum Schuldprinzip», *Monatsschrift für Kriminologie und Strafrechtsreform*, (56-7/8), 1973, pp. 316 ss.

— «Franz v. Liszt und die kriminalpolitische Konzeption des Alternativentwurfs», *Zeitschrift für die gesamte Strafrechtswissenschaft*, (81), 1969, pp. 613 ss.

— «Strafzweck und Strafrechtsreform», en BAUMANN (ed.), *Programm für ein neues Strafgesetzbuch*, Fischer Verlag, Frankfurt am Main 1968, pp. 75 ss.

ROXIN/GRECO, *Strafrecht Allgemeiner Teil. Grundlagen. Der Aufbau der Verbrechenslehre*, t. I, 5ª ed., C. H. Beck, München, 2020.

ROSENAU, «Zur Europäisierung im Strafrecht», *Zeitschrift für die gesamte Strafrechtswissenschaft*, (1), 2008, pp. 9 ss.

ROTSCH, «Vom schwierigen Zustand des deutschen Strafrechts», *Zeitschrift für Internationale Strafrechtsdogmatik*, (10), 2020, pp. 471 ss.

RÖNNAU, *Die Absprache im Strafprozeß*, Nomos, Baden-Baden, 1990.

RUDOLPHI, «Die verschiedenen Aspekte des Rechtsgutsbegriffs», en BARTH, *Festschrift für Richard M. Honig, Schwartz*, Göttingen, 1970, pp. 151 ss.

RÜSEN, *Historik. Theorie der Geschichtswissenschaft*, Böhlau, Köln-Weimar-Wien, 2013.

SAITO, «Die sog. „frühere" und die sog. „spätere" klassische Strafrechtsschule. Fortgang des Schulenstreits in Japan?», en DANNECKER *et al.* (eds.), *Festschrift für Otto*, Heymann, Köln-Berlin-Münchem, 2007.

SALDITT, «Die Entlastungsspirale. Über Theorie und Praxis eines schlanken Strafverfahrens», en SCHULZ, *Festschrift für Günter Bemmann*, Nomos, Baden-Baden, 1997, pp. 614 ss.

SALIGER, «Über das kommunikative Moment in neueren, insbesondere expressiven Straftheorien», en EL MISMO *et al.* (eds.), *Rechtsstaatliches Strafrecht: Festschrift für Ulfrid Neumann zum 70. Geburtstag*, C. F. Müller, Heidelberg, 2017, pp. 689 ss.

SATO, «Entwicklung der japanischen Versuchsdogmatik», *Goltdammer's Archiv für Strafrecht*, (164-8), 2017, pp. 432-443.

SATZGER, «Grundsätze eines europäischen Strafrechts», BÖSE (ed.), *Europäisches Strafrecht mit polizeilicher Zusammenarbeit*, Nomos, Baden-Baden, 2013, pp. 61 ss.

SCHMIDHÄUSER, «Freikaufverfahren mit Strafcharakter im Strafprozeß?», *JuristenZeitung*, (17), 1973, pp. 529-536.

SCHMIDT, Eb., «Freiheitsstrafe, Ersatzfreiheitsstrafe und Strafzumessung im Alternativ-Entwurf eines Strafgesetzbuches», *Neue Juristische Wochenschrift*, 1967, pp. 1929 ss.

— *Einführung in die Geschichte der deutschen Strafrechtspflege*, 3ª ed., Vandenhoeck & Ruprecht, Göttingen, 1965.

— «Kriminalpolitische und strafrechtsdogmatische Probleme in der deutschen Strafrechtsreform», *Zeitschrift für die gesamte Strafrechtswissenschaft*, (69), 1957, pp. 359 ss.

— «Probleme des Wirtschaftsstrafrechts», *Süddeutsche Juristen-Zeitung*, (3-5), 1948, pp. 225-236.

— *Das neue westdeutsche Wirtschaftsstrafrecht*, Mohr Siebeck, Tübingen, 1950.

— «Inquisitionsprozess und Rezeption», BOOR *et al.*, *Festschrift der Leipziger Juristenfakultät für Heinrich Siber*, v. I, 1941, pp. 99 ss.

— «Zur Theorie des unbestimmten Strafurteils», *Schweizerische Zeitschrift für Strafrecht*, (45), 1931, pp. 200 ss.

SCHÖNBERGER, «EU zwischen „Demokratiedefizit" und Bundesstaatsverbot», *Der Staat*, (48), 2009, pp. 535 ss.

SCHUBARTH, «Das Verhältnis von Strafrechtswissenschaft und Gesetzgebung im Wirtschaftsstrafrecht», *Zeitschrift für die gesamte Strafrechtswissenschaft*, (92), 1980, pp. 80 ss.

SCHULZ, H., «Où est la neige d'antan oder die Strafrechtsreformer von gestern heute», en ARZT *et al.* (eds.), *Festschrift für Jürgen Baumann zum 70. Geburtstag*, Gieseking, Bielefeld, 1992, pp. 431 ss.

— «Kriminalpolitische Bemerkungen zum Entwurf eines Strafgesetzbuches (E 1962)», *JuristenZeitung*, (21), 1966, pp. 113 ss.

— «Strafrechtsreform nach dem Alternativ-Entwurf», en BAUMANN *et al.*, *Alternativ-Entwurf eines Strafgesetzbuchs. Allgemeiner Teil*, Mohr Siebeck, Tübingen, 1966, pp. 9 ss.

— «Un tournant nouveau de la réforme du droit pénal allemand», *Revue International de Droit Comparé*, (20), 1968, pp. 493 ss.

SCHÜNEMANN, «Wie Claus Roxin in den 60er Jahren des vorigen Jahrhunderts die Strafrechtsdogmatik prägte», *Goltdammer's Archiv für Strafrecht*, 2021, pp. 242 ss.

— «Der Kampf ums Strafrecht, um dessen Wissenschaft, und seine jüngste Zuspitzung im „Doktorgate" Überlegungen anlässlich des Rezensionsaufsatzes von Kuhlen, ZIS 2020, 327», *Zeitschrift für Internationale Strafrechtsdogmatik*, (10), 2020, pp. 479 ss.

— «Der Kampf ums Verbandsstrafrecht in dritter Neuauflage, der „Kölner Entwurf eines Verbandssanktionengesetzes" und die Verwandlung von Kuratoren in Monitore – much ado about something», *Strafverteidiger Forum*, 2018, pp. 317 ss.

— «Versuch über die Begriffe von Verbrechen und Strafe, Rechtsgut und Deliktsstruktur», en SALIGER *et al.* (eds.), *Rechtsstaatliches Strafrecht: Festschrift für Ulfrid Neumann zum 70. Geburtstag*, C. F. Müller, Heidelberg, 2017, pp. 701 ss.

— «Sinn und Zweck der Strafe – eine unendliche Geschichte?», en JOERDEN *et al.* (eds.), *Festschrift für Prof. Dr. Dr. h.c. mult. Keiichi Yamanaka zum 70. Geburtstag*, Duncker & Humblot, Berlin, 2017, pp. 501 ss.

— «Über Strafrecht im demokratischen Rechtsstaat, das unverzichtbare Rationalitätsniveau seiner Dogmatik und die vorgeblich progressive Rückschrittspropaganda», *Zeitschrift für Internationale Strafrechtsdogmatik*, 2016, pp. 654 ss.

— «Ein neues Bild des Strafrechtssystems», *Zeitschrift für die gesamte Strafrechtswissenschaft*, (126), 2014, pp. 1 ss.

— «Die aktuelle Forderung eines Verbandsstrafrechts – Ein kriminalpolitischer Zombie», *Zeitschrift für Internationale Strafrechtsdogmatik*, 2014, pp. 1 ss.

— «Spät kommt ihr, doch ihr kommt: Glosse eines Strafrechtlers zur Lissabon-Entscheidung des BVerfG», *Zeitschrift für Internationale Strafrechtsdogmatik*, (8), 2009, pp. 393 ss.

— «Europäischer Sicherheitsstaat = europäischer Polizeistaat?», *Zeitschrift für Internationale Strafrechtsdogmatik*, (14), 2007, pp. 528 ss.

— «Europas verschmitzte Usurpierung einer furchtbaren Gewalt», *Zeitschrift für Internationale Strafrechtsdogmatik*, (14), 2007, pp. 535 ss.

— «Das Rechtsgüterschutzprinzip als Fluchtpunkt der verfassungsrechtlichen Grenzen der Straftatbestände und ihrer Interpretation», en HEFENDEHL/WOHLERS/V. HIRSCH (ed.), *Die Rechtsgutstheorie*, Nomos, Baden-Baden, 2003, pp. 133 ss.

— «Europäischer Haftbefehl und EU-Verfassungsentwurf auf schiefer Ebene», *Zeitschrift für Rechtspolitik*, 2003, pp. 185 ss.

— «Aporien der Straftheorie in Philosophie und Literatur – Gedanken zu Immanuel Kant und Heinrich von Kleist», en PRITTWITZ *et al.* (eds.), *Festschrift für Klaus Lüderssen*, Nomos, Baden-Baden, 2002, pp. 327 ss.

— «Zum Stellenwert der positiven Generalprävention in einer dualistischen Straftheorie», en EL MISMO *et al.* (eds.), *Positive Generalprävention*, C.F. Müller, Heidelberg, 1998, pp. 109 ss.

— «Kritische Anmerkungen zur geistigen Situation der deutschen Strafrechtswissenschaft», *Goltdammer's Archiv für Strafrecht*, 1995, pp. 201 ss.

— *Absprachen im Strafverfahren? Grundlagen, Gegenstände und Grenzen, Verhandlungen des 58. DJT*, v. I, C.H. Beck, München, 1990.

— «Informelle Absprachen und Vertrauensschutz im Strafverfahren», *JuristenZeitung*, (44-21), 1989, pp. 984-990.

— «Die Verständigung im Strafprozess – Wunderwaffe oder Bankrotterklärung der Verteidigung?», *Neue Juristische Wochenschrift*, 1989, pp. 1895 ss.

— «Reflexionen über die Zukunft des deutschen Strafverfahrens», en GAMM *et al.* (eds.), *Festschrift für Gerd Pfeiffer zum Abschied aus dem Amt als Präsident des Bundesgerichtshofes*, Heymann, Köln-Berlin-Bonn-München, 1988, pp. 461 ss.

— «Die Funktion des Schuldprinzips im Präventionsstrafrecht», en SCHÜNEMANN (ed.), *Grundfragen des modernen Strafrechtssystems*, De Gruyter, Berlin, 1984, pp. 153 ss.

SCHÜNEMANN/GRECO, «vor § 25», en *Leipziger Kommentar StGB*, 13ª ed., De Gruyter, Berlin, 2021.

Seelmann, «Anerkennung, Person, Norm», en Pawlik *et al.* (eds.), *Festschrift für Günther Jakobs*, Heymann, Köln-Berlin-München, 2007, pp. 635 ss.

— «Risikostrafrecht: Die „Risikogesellschaft" und ihre „symbolische Gesetzgebung" im Umwelt-und Betäubungsmittelstrafrecht», *Kritische Vierteljahresschrift für Gesetzgebung und Rechtswissenschaft*, (75-4), 1992, pp. 452-471.

Shaw, «The Consequentialist Perspective», en Dreier (ed.), *Contemporary Debates in Moral Theory*, John Wiley & Sons, New York, 2006, pp. 5 ss.

Silva Sánchez, *Die Expansion des Strafrechts. Kriminalpolitik in postindustriellen Gesellschaften*, Klostermann, Frankfurt am Main, 2003.

Simmler/Markwalder, «Roboter in der Verantwortung?», *Zeitschrift für die gesamte Strafrechtswissenschaft*, (129), 2017, pp. 20 ss.

Spendel, «Zur Notwendigkeit des Objektivismus im Strafrecht», *Zeitschrift für die gesamte Strafrechtswissenschaft*, (65-4), 1953, pp. 519-538.

Spilgies, «Rezension von Schrader, Über Schuld und Durchschnittsmenschen – auch ein Beitrag zum Verbandsstrafrecht, 2021», *Zeitschrift für Internationale Strafrechtswissenschaft*, 2023, (1), pp. 52 ss.

Stächelin, «Don't „Legalize it" but „Opportunize it"», *Juristische Arbeitsblätter*, 1994, pp. 245 ss.

Stäcker, *Die Franz v. Liszt-Schule und ihre Auswirkungen auf die deutsche Strafrechtsentwicklung*, Nomos, Baden-Baden, 2012.

Starck, «Diskussion zum Vortrag von Michael Pawlik», en Schumann (ed.), *Das strafende Gesetz im sozialen Rechtsstaat*, De Gruyter, Berlin, 2010, pp. 103 ss.

Sterberg-Lieben, «Rezension von Schrader, Über Schuld und Durchschnittsmenschen – auch ein Beitrag zum Verbandsstrafrecht, 2021», *Zeitschrift für Internationale Strafrechtswissenschaft*, 2023, (1), pp. 62 ss.

Stödter, *Öffentlichrechtliche Entschädigung*, Lutcke & Wulff, Hamburg, 1933.

STOOSS, «Was ist Kriminalpolitik?», *Schweizerische Zeitschrift für Strafrecht*, (7), 1895, pp. 228 ss.

STRENG, «Kriminalpolitik», *Zeitschrift für die gesamte Strafrechtswissenschaft*, (92), 1953, pp. 877 ss.

— «Franz v. Liszt und das Jugendstrafrecht – ein Blick zurück nach vorn», *Zeitschrift für Jugendkriminalrecht und Jugendhilfe*, (3), 2017, pp. 208 ss.

STRUCK-BERGHÄUSER, *Franz von Liszt und seine Gegner*, Nomos, Baden-Baden, 2020.

STUCKENBERG, «Buchrezension zu Rostalski, Der Tatbegriff im Strafverfahren», *Zeitschrift für Internationale Strafrechtsdogmatik*, (4) 2021, pp. 279

— «Rechtsgüterschutz als Grundvoraussetzung von Strafbarkeit?», *Zeitschrift für die gesamte Strafrechtswissenschaft*, (129), 2017, pp. 349 ss.

— «The Constitutional Deficiencies of the German Rechtsgutslehre», *Oñati Socio-Legal Series*, (3-1), 2013, pp. 31 ss.

— «Grundrechtsdogmatik statt Rechtsgutslehre», *Golddammer's Archiv für Strafrecht*, 2011, pp. 654 ss.

TIEDEMANN, *Wirtschaftsbetrug*, De Gruyter, Berlin, 1999.

— «§ 265b», en *Leipziger Kommentar StGB*, 11ª ed., De Gruyter, Berlin, 1996.

— «Strafrecht in der Marktwirtschaft», KÜPER *et al.* (eds.), *Festschrift für Walter Stree und Johannes Wessels zum 70. Geburtstag*, Müller, Heidelberg, 1993, pp. 527 ss.

— *Verfassungsrecht und Strafrecht*, Müller, Jur. Verl., Heidelberg, 1991.

— «Wirtschaftsstrafrecht – Einführung und Übersicht», Juristische Schulung, 1989, pp. 689 ss.

— «Die Bekämpfung der Wirtschaftskriminalität durch den Gesetzgeber», *JuristenZeitung*, 1986, pp. 865 ss.

— *Die Neuordnung des Umweltstrafrechts*, De Gruyter, Berlin-New York, 1980.

— *Wirtschaftsstrafrecht und Wirtschaftskriminalität*, v. I, Rowohlt, Reinbek b. Hamburg, 1976.

— «Wirtschaftskriminalität als Problem der Gesetzgebung», EL MISMO (ed.), *Das Verbrechen in der Wirtschaft*, 2ª ed., Müller, Karlsruhe, 1972.

— «Welche strafrechtliche Mittel empfehlen sich für eine wirksamere Bekämpfung der Wirtschaftskriminalität?», *Verhandlungen des 49. Deutschen Juristentages*, (Gutachten C), 1972, pp. 19 ss.

— «Zur Reform der Vermögens-und Wirtschaftsstraftatbestände», *Zeitschrift für Rechtspolitik*, (3-11), pp. 256-261.

— *Tatbestandsfunktionen im Nebenstrafrecht*, Mohr Siebeck, Tübingen, 1969.

TIMM, *Der Entwurf eines Strafgesetzbuches von 1962*, Duncker & Humblot, Berlin, 2016.

VIGANÒ, «Menschenrechte und Strafrecht», en FAHL *et al.* (eds.), *Festschrift für Werner Beulke zum 70. Geburtstag*, C.F. Müller, Heidelberg, 2015, pp. 55 ss.

VOLK, «Strafrecht und Wirtschaftskriminalität», *JuristenZeitung*, 1982, pp. 85 ss.

VON GROS, *Lehrbuch der philosophischen Rechtswissenschaft oder des Naturrechts*, 6ª ed., Cotta, Stuttgart, 1841.

VON LISZT, «Die „Sichernden Maßregeln" in den drei neuen Strafgesetzentwürfen», *Archiv für Rechts- und Wirtschaftsphilosophie*, (3), 1909-1910, pp. 610 ss.

— «Der Entwicklungsgedanke im Strafrecht», *Mitteilungen der Internationalen Kriminalistischen Vereinigung*, (16), 1909-1910, pp. 497 ss.

— «Die Zukunft des Strafrechts», en EL MISMO *Strafrechtliche Aufsätze und Vorträge*, t. II, de Gruyter, Berlin, 1905, pp. 1-24.

— «Die Forderungen der Kriminalpolitik und der Vorentwurf eines schweizerischen Strafgesetzbuchs», en EL MISMO *Strafrechtliche Aufsätze und Vorträge*, t. II, de Gruyter, Berlin, 1905, pp. 94-132.

— «E. F. Klein und die unbestimmte Verurteilung», en EL MISMO *Strafrechtliche Aufsätze und Vorträge*, t. II, de Gruyter, Berlin, 1905, pp. 133 ss.

— «Die Aufgaben und die Methode der Strafrechtswissenschaft», en EL MISMO *Strafrechtliche Aufsätze und Vorträge*, t. II, de Gruyter, Berlin, 1905, pp. 284-298.

— «Nach welchen Grundsätzen ist die Revision des Strafgesetzbuchs in Aussicht zu nehmen?», en EL MISMO *Strafrechtliche Aufsätze und Vorträge*, t. II, de Gruyter, Berlin, 1905, pp. 356-410.

— «Kriminalpolitische Aufgaben (1889–1892)», en EL MISMO *Strafrechtliche Aufsätze und Vorträge*, t. I, de Gruyter, Berlin, 1905, pp. 290-467.

— «Die Reform der Freiheitsstrafe. Eine Entgegnung auf Adolf Wachs gleichnamige Schrift. (1890, Preußische Jahrbücher, Bd. 66.)», en EL MISMO *Strafrechtliche Aufsätze und Vorträge*, t. I, de Gruyter, Berlin, 1905, pp. 511-536.

— *Lehrbuch des Deutschen Strafrechts*, 7 [a] ed., Guttentag, Berlin, 1896.

— «Die deterministischen Gegner der Zweckstrafe», *Zeitschrift für die gesamte Strafrechtswissenschaft*, (13), 1893, pp. 22 ss.

— «Der Zweckgedanke im Strafrecht», *Zeitschrift für die gesamte Strafrechtswissenschaft*, (3), 1883, pp. 1-47.

VON RINTELEN, *Überindividuelle Rechtsgüter im Vorfeld des Betrugs?*, tesis doctoral, Universidad de Bonn, 1993.

VOGEL, *Einflüsse des Nationalsozialismus auf das Strafrecht*, Berliner Wissenschafts-Verlag, Berlin, 2004.

— «Strafrechtsgüter und Rechtsgüterschutz durch Strafrecht im Spiegel der Rechtsprechung des Bundesverfassungsgerichts», *Strafverteidiger*, 1996, pp. 110 ss.

VORMBAUM, *Einführung in die moderne Strafrechtsgeschichte*, 4[a] ed., Springer, Berlin-Heidelberg, 2019.

WACH, *Die kriminalistische Schulen und die Strafrechtsreform*, Duncker & Humblot, Berlin, 1902.

— *Die Reform der Freiheitsstrafe*, Duncker & Humblot, Leipzig, 1890.

WEIGEND, «Diskurs statt Diffamierung. Über die Funktion von Buchrezensionen», *Kriminalpolitische Zeitschrift*, (3), 2021, pp. 185 ss.

— «Bewältigung von Beweis Strafschwierigkeiten durch Ausdehnung des materiellen Strafrechts?», en Schmoller *et al.* (eds.), *Festschrift für Otto Triffterer zum 65. Geburtstag*, Springer, Wien, 1996, pp. 695 ss.

— «Abgesprochene Gerechtigkeit – Effizienz durch Kooperation im Strafverfahren?», *JuristenZeitung*, 1990, pp. 774 ss.

— *Anklagepflicht und Ermessen. Die Stellung des Staatsanwalts zwischen Legalitäts- und Opportunitätsprinzip nach deutschem und amerikanischem Recht*, Nomos, Baden-Baden, 1978.

WOLF, E., «Die Stellung der Verwaltungsdelikte im Strafrechtssystem», en HEGLER *et al.* (eds.), *Festgabe für Reinhard von Frank zum 70. Geburtstag*, v. II, Mohr Siebeck, Tübingen, 1930, pp. 516 ss.

WOLFF, *Jus Naturae Methodo Scientifica Pertractatum, Pars Septima*, Renger, Halle, 1747.

WOLFF, E. A., «Die Abgrenzung von Kriminalunrecht zu anderen Unrechtsformen», en HASSEMER (ed.), *Strafrechtpolitik*, 1987, Lang, Frankfurt am Main, pp. 137 ss.

— «Das neuere Verständnis von Generalprävention und seine Tauglichkeit für eine Antwort auf Kriminalität», *Zeitschrift für die gesamte Strafrechtswissenschaft*, (97), 1985, pp. 806 ss.

YAMANAKA, *Einführung in das japanische Strafrecht. Strafrecht auf der Basis der japanischen Sozialstruktur*, Duncker & Humblot, Berlin, 2018.

— «Ryuichi Hiranos Strafrechtslehre. Funktionale Betrachtungsweise des Strafrechts in Japan», *Journal der Juristischen Zeitgeschichte*, (4-1), 2010, pp. 1-9.

ZACZYK, «Freiheit als systembildendes Prinzip des Rechts bei Michael Köhler», en ROSTALSKI (ed.), *Grundlagen und Konzepte des Strafrechts*, Nomos, Baden-Baden, 2021, pp. 11 ss.

— «Die Bedeutung der Strafbegründung für den Strafvollzug», en Schneider *et al.* (eds.), *Festschrift für Manfred Seebode zum 70. Geburtstag*, De Gruyter, Berlin, 2008, pp. 589 ss.

— «Über den Grund des Zusammenhangs von personalem Unrecht, Schuld und Strafe», en DANNECKER *et al.* (eds.), *Fest-*

schrift für Harro Otto, Heymann, Köln-Berlin -München, 2007, pp. 191 ss.

— «Zur Begründung der Gerechtigkeit menschlichen Strafens», en ARNOLD *et al.* (eds.), *Festschrift für Albin Eser zum 70. Geburtstag*, Beck, München, 2005, pp. 207 ss.

— *Das Unrecht der versuchten Tat*, Duncker & Humblot, Berlin, 1989.

— *Das Strafrecht in der Rechtslehre J. G. Fichtes*, Duncker & Humblot, Berlin, 1981.

ZIMMERL, *Aufbau des Strafrechtssystems*, Mohr, Tübingen, 1930.

ZÖLLER, «Europäische Strafgesetzgebung», *Zeitschrift für Internationale Strafrechtsdogmatik*, (7), 2009, pp. 340 ss.